AF446264

Academia Intercontinental de Artistas & Poetas

Academia Intercontinental de Artistas & Poetas

100 Anos da Semana de Arte Moderna

Tatiana Azevedo &
Luiz Paulo Flôres
(ORGANIZAÇÃO)

Quando o português chegou
Debaixo duma bruta chuva
Vestiu o índio
Que pena!
Fosse uma manhã de sol
O índio tinha despido
O português.
(Oswald de Andrade)

Academia Intercontinental de Artistas & Poetas

Copyright © 2022
– Academia Intercontinental de Artistas & Poetas –
Colaboração: Instituto Luiz Paulo Flôres (Athena)
Todos os Direitos Reservados | Salvador – Bahia – Brazil
ISBN: 9798846169906
Independently Published

Capa
Irene da Rocha
Editoração
Qualquer Coisa em Livros
@marcusdeminco

A634t

Antologia, Academia Intercontinental de Artistas & Poetas

100 Anos da Semana de Arte Moderna / Organizadores: Tatiana Azevedo e Luiz Paulo Flôres – 1ª ed. – Salvador, 2022

149 p.

ISBN: 9798846169906

1. Antologia. 2. Poesia Brasileira – Coletâneas. 3. Literatura Brasileira. 4. Literatura Portuguesa. 5. Arte Moderna.
I., II. Título.

CDD – 869.9108
CDU – 821.134.3(81)

Dados de Catalogação para Publicações Internacionais (CIP-SIBI/UFBA)

SUMÁRIO

NOTA DOS ORGANIZADORES

A produção literária dos autores participantes dessa coletânea quanto à autoria, correção ortográfica e expressões regionais são de responsabilidade dos participantes.

PREFÁCIO

A Semana de Arte Moderna, também chamada de Semana de 22, foi um movimento que ocorreu entre os dias 13 a 17 de fevereiro de 1922 na cidade de São Paulo, no Teatro Municipal e que reuniu diferentes tipos de arte.

Começava, então, uma nova fase na cultura brasileira, a elite paulista era significativamente influenciada por padrões estéticos europeus que entendiam a arte como algo acadêmico e formal. Com isso, o objetivo da Semana de 22 foi renovar o ambiente artístico e cultural da cidade de São Paulo para construir uma linguagem nacional inspirada nas vanguardas europeias.

A Semana de 22 ocorreu diante de um cenário repleto de tensões políticas, sociais e econômicas, durante o período da República Velha, na qual era controlada pelas oligarquias cafeeiras e pela política que ficou conhecida como Café com Leite.

Neste período, era comum que pessoas com maior poder aquisitivo fossem estudar na Europa, e isso aconteceu com nomes brasileiros conhecidos como Oswald de Andrade e

Anita Malfatti. Ambos trouxeram ao Brasil uma nova forma de pensar a arte, influenciando assim, a criação do evento da Semana de Arte Moderna.

A semana da arte moderna representa a busca de uma representação cultural genuinamente brasileira. Naquela época, a cultura brasileira era fortemente influenciada pelo que chamamos de anglicismos (influência da Inglaterra) e o francesismos (influência da França). Uma energia teres e saberes, emancipando intelectualmente, inovando a maneira de pensar dos artistas da época ditando modas, quebrando paradigmas, de certo modo escandalizando a sociedade da época.

A sua repercussão ultrapassou fronteiras. Dentro do Brasil revolucionou a maneira de olhar e de pensar a arte e as letras, sendo um novo tempo. Assim, com o intuito de mostrar a cultura brasileira buscou a raiz das mais variadas formas de expressões: pintura, escultura, literatura, poesia e música. Hoje cem anos depois, continuamos com a influência presente e marcante, desse movimento cultural que ficou registrado na história.

TATIANA AZEVEDO
LUIZ PAULO FLÔRES

HOMENAGEM

ODE AO BURGUÊS
(Mário de Andrade)

Eu insulto o burguês! O burguês-níquel,

O burguês-burguês!

A digestão bem-feita de São Paulo!

O homem-curva! O homem-nádegas!

O homem que sendo francês, brasileiro, italiano,

é sempre um cauteloso pouco-a-pouco!

Eu insulto as aristocracias cautelosas!

Os barões lampiões! os condes Joões! os duques zurros!

que vivem dentro de muros sem pulos;

e gemem sangues de alguns mil-réis fracos

para dizerem que as filhas da senhora falam o francês

e tocam os Printemps com as unhas!

Eu insulto o burguês-funesto!

O indigesto feijão com toucinho, dono das tradições!

Fora os que algarismam os amanhãs!

Olha a vida dos nossos setembros!

Fará Sol? Choverá? Arlequinal!

Mas à chuva dos rosais

o èxtase fará sempre Sol!

Morte à gordura!

Morte às adiposidades cerebrais!

Morte ao burguês-mensal!

ao burguês-cinema! ao burguês-tílburi!

Padaria Suissa! Morte viva ao Adriano!

"– Ai, filha, que te darei pelos teus anos?

– Um colar... – Conto e quinhentos!!!

Mas nós morremos de fome!"

Come! Come-te a ti mesmo, oh gelatina pasma!

Oh! purée de batatas morais!

Oh! cabelos nas ventas! oh! carecas!

Ódio aos temperamentos regulares!

Ódio aos relógios musculares! Morte à infâmia!

Ódio à soma! Ódio aos secos e molhados!

Ódio aos sem desfalecimentos nem arrependimentos,

sempiternamente as mesmices convencionais!

De mãos nas costas! Marco eu o compasso! Eia!

Dois a dois! Primeira posição! Marcha!

Todos para a Central do meu rancor inebriante

Ódio e insulto! Ódio e raiva! Ódio e mais ódio!

Morte ao burguês de giolhos,

cheirando religião e que não crê em Deus!

Ódio vermelho! Ódio fecundo! Ódio cíclico!

Ódio fundamento, sem perdão!

Fora! Fu! Fora o bom burgês!...

MEU PARAÍSO
(ADECIR GOMES)

Meu paraíso é doce,

Tem sabor de mel,

Tem doçura do céu,

Não tem escarcéu.

Meu paraíso não tem fofocas;

Também não tem discórdia,

Tem passeios nas pororocas;

Tem festa, alegria e dança,

Tem mudança e esperança,

Tem o dom da misericórdia.

Meu paraíso tem vida,

Tem cores, tem flores;

Tem romã, tem maçã,

Tem pêssego, tem segredo,

Tem cenas e enredo.

Meu paraíso tem luz

Tem amor e tem cruz;

Tem fala e tem paz,

Tem povo que se refaz,

Nas entrelinhas do viver,

Renovando seu caminho.

O meu paraíso tem silêncio,

Tem oração e amor,

Tem perdão e temor;

Tem música e interiorização,

Tem o senhor da paixão.

O meu paraíso tem ramos,

Tem parreira, tem uvas,

Tem vento e tem curvas;

Tem olhares e tem rumos,

Tem poesia e tem rimas,

E tem laranjas-limas.

Meu paraíso tem partilha,

Tem diálogo, tem acolhida;

Tem fraternidade ao partir o pão,

Tem camaradagem ao estender a mão,

Tem alegria na brincadeira de folia,

Tem esperança de ter sempre um novo dia.

No meu paraíso tem torrentes,

Tem chuvas, tem enchentes;

Tem folhas, tem verde,

Tem fraternidade e verdade,

Tem descanso na rede,

Tem rio, tem rua,

Tem sol e tem lua.

Meu paraíso é o rancho da liberdade,

Todo mundo tem direito de se expressar;

Cada um com sua maneira de se expor,

Seja na cultura ou em qualquer opção,

Quem conserva o amor não faz acepção,

Apaga do livro da vida o preconceito,

E escreve na índole humana o respeito.

A POESIA NOSSA DE CADA DIA
(ADECIR GOMES)

Poesia nossa que estais no universo,

Harmonizados sejam os vossos versos;

Venha ao nosso coração o vosso ritmo,

Seja feita a vossa melodia,

Assim na prosa como na poesia.

O poema nosso de cada dia,

Dai-nos hoje muita alegria;

Corrigir-nos as nossas grafias,

Assim como nós corrigimos a quem nos fizeram errar;

E não deixeis cair os fonemas,

Mas, livrai-nos de todo empecilho,

Que tira do poema o seu brilho,

Amém. Assim seja o encanto poético.

Agora e na hora do café,

Do pão e da alegria;

Juntos formamos famílias,

À mesa cheia de poesia,

Que alegra e aumenta a nossa fé.

Assim venha o dia de muita graça,

Venha a nós o vinho da fraternidade;

Com muitos motivos para nos alegrar,

Amém pelo pão, pelo vinho e pela vida,

Amém pelo irmão e pela família,

Pelos parentes, amigos e vizinhos.

AIAP E O CENTENÁRIO DA SEMANA DE ARTE MODERNA
(ALAN CARNEIRO)

A Semana de Arte Moderna foi um evento que ocorreu em fevereiro de 1922 no Teatro Municipal de São Paulo. Além de celebrar a arte, o acontecimento comemorou o centenário da Independência do Brasil. Para homenagear o centenário deste evento, a Academia Intercontinental de Artistas e Poetas (AIAP) resolveu lançar esta coletânea.

Inspirado nas ideias do movimento modernista iniciado no limiar do século XX na Europa, seu principal objetivo era promover a independência cultural rompendo com o tradicionalismo através da estética e experimentações artísticas. Apesar de inspirações europeias, a proposta foi explorar a brasilidade e valorizar o território nacional como berço de inspiração cultural. O evento foi criado e organizado por um grupo de intelectuais e artistas, com o apoio da elite cafeeira paulista, e fez com que o Modernismo se tornasse sinônimo de um estilo novo. Os principais nomes deste evento foram, Anita Malfatti, sua grande inspiradora, Mário de Andrade, Lasar Segall, Di Cavalcanti, Heitor Villa-Lobos, Cândido Portinari, Paulo Menotti Del Picchia e Tarsila do Amaral.

Durante os cinco dias de atividades da Semana de Arte Moderna, ocorreram apresentações dos mais variados setores da produção artística e literária, tais como dança, música, recital de poesias, exposições de pinturas e esculturas, bem como realização de palestras.

Conforme definiu a Enciclopédia Itaú Cultural, este movimento foi "a primeira manifestação coletiva pública na história cultural brasileira a favor de um espírito novo e moderno em oposição à cultura e à arte de teor conservador, predominantes no país desde o século XIX". A Semana de Arte Moderna tornou-se o marco inaugural do modernismo brasileiro. Com a reunião de todos esses talentos - músicos, poetas, escritores, artistas plásticos e intelectuais brasileiros - buscou introduzir tendências de um novo século em todas as expressões culturais brasileiras.

Como consequências desse movimento, houve uma revolução na linguagem artística com a ruptura com o passado. Certas novidades artísticas surgiram na Semana de Arte Moderna e se incorporaram à cultura nacional. Um exemplo é a poesia, que antes era apenas escrita, mas passou a ser declamada.

ESSA É A ARTE MODERNIZADA
(ALEXADRE ABDO)

Da arte e dos pensamentos

Das ideias e das palavras

Dos sentidos e sentimentos

Deixando satisfazer o coração

São e foram tantos talentos

Reunidos em um momento especial

Liberando o gosto e paixão pela arte

Juntando os pensamentos e saudades

Arte Moderna sem moderação e com amor

Aparecendo ao mundo como uma concepção

De pureza e ideal diferente

De um mundo sempre grandioso e abrangente

E assim é a arte modernizada

Transpirando o suor de talentos

Transformando sempre os pensamentos

De sorrisos c totais sentimentos

ANCESTRAL
(ANDREY LUNA GIRON)

Tuas mãos que remexem a terra de sempre,

Fundida de barros e chuvas sacras,

Tua cultura milenar de paz e de mães,

Sublimes campos cultivados,

Cultura forjada em dificuldades,

Mães de brilho da civilização.

Raízes profundas infiltradas em séculos,

Há espaços que se formam, utópicos como uma arquitetura cósmica,

Orgânica e espalhada nas pedras sustentadas em milênios,

A pedra do futuro abrasada no peito pelo sol de paixão acesa,

Vibrando as eras reacendidas na alegria genuína dos partos,

Das plenitudes abarcadas pelo corpo, pela mente límpida e o espírito

Do agora que forja as eras.

Do homem que finca os pés no chão e se abre,

Com suas asas de metal brilhante ao porvir.

INTERLÚDIO
(ANDREY LUNA GIRON)

Ainda se afunda nas dores profundas,

Mas ainda a esperança se forja no brilho que a retina tateia,

O infinito de joias nas galáxias que habitam os pulmões,

Respiram e vivem para o bem,

Recebem sempre o belo, como chuva que ara,

E recebe a colheita dos gestos cordiais,

Palavras semeadoras, grãos cósmicos,

Tuas artes eternizadas em um país gigante,

Repleto de cosmos.

Repleto de mãos jovens e anciãs,

De terras e ferros que se dissolvem nas purezas
ressuscitadas,

As obras partidas e encontradas,

Como um vaso de tesouros,

Recôndito como teu coração que pulsa e ama,

Que anoitece na alma da vida para recobrar tua energia,

Potente de auroras,

Herdeira de coragens e bens,

Nas miríades de sóis em dança,

Um caminho sempre novo e aberto,

Rompendo a ancestral via das dores,

E recobrando o novíssimo tempo que rompe a terra e voa.

FUTUROS ENCONTRADOS
(ANDREY LUNA GIRON)

Tua modernidade é o homem que crava o hoje,

Que respira o agora e sonha a utopia remexida da terra do amanhã,

Há milênios fundidos em sua cratera do olhar,

Há a possibilidade de vazar sempre a luz infinita,

De tua floresta interior,

No cotidiano encontrada, remexida e relembrada em colheitas,

Tua memória mais pura e vitoriosa é o legado,

Teu universo sai de si e reverbera a melodia audaz em cordas,

Graves e profundas de confins de sons e danças de vozes,

Encontradas em superfícies.

Humanas orgânicas que crescem e se avolumam como germe de civilização,

Diamantes brutos e forjados em teu pó, que vão brilhar em tua entidade,

Incrustada de belo e bem.

Voe assim, ser deste país,

Vibre a corda que estremece e cria com teus músculos e tuas águas,

A paz,

Cultura nova que funde o homem ao espaço cósmico,

Unidade que acendem sóis mortos,

Para nascer em cada peito teu desígnio do infinito crescente.

EVOLUÇÃO DA ARTE
(ANGEL ELGUERA RIVERA)

A arte em si

Através dos anos evoluiu.

Incrível, há anos havia arte rupestre e

símbolos encarnados em tecidos em pedras,

Hoje tudo evoluiu

Totalmente mudado

Dando formas, cores com a expressão de ideias, emoções, sonhos a serem realizados,

Para que o mundo veja em seu esplendor, diversos recursos são utilizados para isso.

Encontramos incríveis pinturas a óleo com esculturas de cores divinas que são uma beleza, em madeira esculpida belas figuras

E diversidade que transmitem mensagens de reflexão.

Escritos que atravessaram fronteiras chegando ao mundo para aproximar o homem a cada dia.

Na área artística, cultural, pintura, fotografia, música de dança e Romance

A própria arte refere-se à beleza de diferentes manifestações que evoluíram.

É por isso que dizemos;

Evolução da arte

Hoje moderno em geral estamos vivendo dia a dia.

VERSO SEM FIM!
(AIRTON REIS)

Vazante. Ser cultura.

Estrofe. Fazer literatura.

Repente. Prisma gramatical.

Sociedade. Poesia atemporal.

Obras. Livros. Horizonte editorial.

Sentir. Verbo.

Expressar liberdade. Brasil.

Mato Grosso. Cáceres. Terra Natal.

Fato. Momento. Eco Ambiental.

Instante existencial. Pavimento intercontinental.

Meandros. Baías. Navegante. Planície Pantanal!

QUANDO ESCREVER É VERSAR!
(AIRTON REIS)

Escrever e dizer.

Escrever e opinar.

Escrever e compartilhar.

Rimar sempre.

Poesia presente.

Contente ou descontente.

Alegria ou tristeza.

Harmonia e Natureza.

Letra, palavra, porto, fortaleza.

Ser humanidade.

Conjugar o verbo amar.

Avistar o sujeito além do olhar.

Cidadania em construção. Nação.

Democracia aquém de uma eleição.

País, obras e obreiros. Pátria, brasileiras e brasileiros.

Realidade e ficção.

Possibilidade e realização.

Liberdade em qualquer expressão.

Sociedade dos poetas vivos em bis, e, em refrão.
Fraternidade praticada no horizonte da exclusão.
Igualdade elencada nos capítulos da Constituição.

Verdade imparcial.
Capitalismo e sociedade atual.
Modernismo e modernidade mais do que industrial.

Ética e probidade.
Estado e municipalidade.
Presença, ausência e omissão.

Passado e presente. Universalidade.
Futuro legado, caminho seguro à posteridade.
Quando escrever é versar, poetizar é pluralidade!

A MODERNIDADE E A RUPTURA COM O PASSADO (CAROLINA POHLMANN BUENO MICHEL)

Em 1922 houve a Semana De Arte Moderna

Um grande Manifesto Cultural

Das Artes, da Música, da Literatura

Até mesmo da Escultura,

Provocando um choque na população

Uma nova linguagem

Uma linguagem inovadora

Trazendo para o mundo uma mensagem

Rompendo as correntes do passado

Com alguns especiais participantes

Abrindo a Cortina da Liberdade

Para mais diversidade.

Cada um transmitindo sua vida

Através de obras diversas

Para a cultura moderna, grandes promessas

Com pensamentos diferentes

Dando mais Brasilidade

Em São Paulo, onde tudo começou

Após um tempo, a modernidade se expandiu

Foi mais além, muitos Manifestos na nossa cultura

Uma grande aventura

Cor, luz, música, liberdade ao se expressar

Liberdade ao pintar

Novos e mais modernos pensamentos

Chegando aos outros estados
Foi polêmico e original
Uma semana especial
Inúmeras revoluções
Novas construções
Nas palavras ditas e escritas
Nas pinturas de nossos artistas
A imaginação estava liberta
Muita brasilidade
Eis a modernidade
A Valorização do Nacionalismo
Das paródias, do Manifesto Verde Amarelismo
Do Manifesto-Pau Brasil
Do Manifesto Antropófago
Da Tarsila do Amaral,
Do Grande Oswald de Andrade
Nossos artistas
Que marcaram a semana
e todo 1922, que muita arte emana
Liberdade da cultura
Antes que tarde
Artistas de Encantos mil
Por esse Brasil,
Ganhando vozes, ganhando espaço,
Ganhando forças
Mário de Andrade, Oswald de Andrade
Cada tipo diferente nesta modernidade
Na pintura de Tarsila do Amaral, com suas cores brasileiras
Nossa fauna e nossa flora

Num quadro que "devora",

Manuel Bandeira, Antônio de Alcântara Machado,

Além de Cassiano Ricardo e Plínio Salgado...

Revistas e Manifestos

Em tudo a modernidade atua

Nossa alma de poeta

Novamente se liberta

E viva a CULTURA...

A Modernidade novos rumos

Rompendo com o passado

Mostras de toda cultura existente

A Semana de Arte Moderna se fez presente

Linguagem mais popular

Liberdade mais radical

Muitos aplaudiram, mas outros vaiaram

Poemas, música, pinturas, entre outras artes,

Foi muito especial

Onde o sonho se tornou real,

Criticando nossa própria realidade

Sendo um mundo abstrato para cada olhar

E concreto para o nosso espírito

Além do nosso verdadeiro sonhar...

A SEMANA DA ARTE MODERNA... UMA QUEBRA DE PARADIGMA... (CRISTIANO LUIZ DE JESUS)

Para quem pensa que a Semana da Arte Moderna era apenas um momento Cultural, há nessa semana uma certa quebra de Paradigma e uma profunda mudança de rumo na cultura e até mesmo na visão de muitas pessoas. Era a primeira manifestação coletiva pública na história cultural brasileira. Em prol da inovação e opondo-se ao conservadorismo na arte e cultura do Brasil do século XIX nasce uma semana especial.

O Brasil começava a passar por uma profunda reforma e transformação. Era o rompimento com o passado.

A Semana da Arte moderna fazia parte das comemorações dos 100 anos da Independência do Brasil que estava acontecendo no Teatro Municipal entre 13 a 17 de fevereiro de 1922, por meio de uma exposição de artes no saguão do teatro com cerca de 100 obras e sessões de música. Participam Anita Malfatti (1889-1964), Di Cavalcanti (1897-1976), Ferrignac (1892-1958), John Graz (1891-1980), Vicente do Rego Monteiro (1899-1970), Zina Aita (1900-1967), Yan de Almeida Prado (1898-1987) e Antônio Paim Vieira (1895-1988), com dois trabalhos feitos a quatro mãos. No campo da escultura, estão presentes Victor Brecheret (1894-1955), Wilhelm Haarberg (1891-1986) e Hildegardo Velloso (1899-1966).

A arquitetura vem representada pelo espanhol Antônio Garcia Moya (1891-1949) e pelo polonês Georg Przyrembel (1885-1956). Entre os literatos e poetas, participam Graça Aranha (1868-1931), Guilherme de Almeida (1890-1969), Mário de Andrade (1893-1945), Menotti Del Picchia (1892-1988).

A Semana da Arte Moderna começa no início do século XX, quando muitos artistas que viajaram para os Estados Unidos e para a Europa, sofreram a influência da visão modernista.

Muitos artistas conservadores eram contra esse movimento e até mesmo publicaram textos contrários a essa ideia. Esse movimento não apresenta um padrão que poderia representar um rompimento completo com o passado, mas era um momento importante para a história cultural brasileira... Não existia uma unidade de expressão ou não recebia apoio total da classe artística. A Semana da Arte Moderna influenciou também outras áreas.

DOCE DELEITE
(CRISTIANO LUIZ DE JESUS)

Um momento de alegria.

Um novo tempo, de amor em mim...
Coração batendo forte.
Alma leve... Livre e solta...
Sei. Sei que a minha vida mudou.

Você trouxe alegria.
Uma música suave.
Um brilho especial...
Preencheu meu ser...
Fez-me viver de novo...

Deixei de lado a boemia
Para amar você.
Deixei de lado o sofrimento
Para estar nos seus braços...

Minha flor amada.
Vivo sim
Esse doce deleite

ANDARILHO
(DENISE MOURÃO)

Onde andas andarilho,

Que rumos tomastes?

Deixando teu mundo

Social às escuras

Quem és?

Não tens nome ou identidade,

és apenas mais um na multidão...

Alguns questionaram-te:

- O que procuras?

Eu afirmaria-te:- Do que foges!

Pois no mais íntimo do teu ser,

Tens uma explicação para

essa atitude tão incógnita,

tão estupidamente infeliz,

partir sem ter pra onde ir ...

sem explicação ...desaparecer!

Romper amarras ou sorver decepções,

Soluçar angústias, calar emoções...

que só você conhece e reconhece.

No brilho opaco dos seus olhos,

eu vejo teu medo, tua solidão,

mas vejo a busca intermitente

do abraço afetuoso do perdão.

Onde andas andarilho?

Onde andas, segue em frente

Pois tenho certeza que caminhas

Nos rumos do teu coração!

Onde andas andarilho?

Onde andas, segue em frente

Pois tenho certeza que caminhas

Nos rumos do teu coração!

ALMA EXPOSTA
(DENISE MOURÃO)

Cerro minhas pálpebras.

O peso do desamor caiu

Sobre meus ombros.

Sento me ancorada em

Uma parede, que apesar de fria.

Parece abraçar-me.

O suor escorre em minha face.

Estou cansada.

A vida foi me cruel.

A vida me castigou.

Conto em meus dedos

Os dias felizes.

A festa acabou.

Já não há motivos

Para festejar ou

Brindar ao luar.

A vida é efêmera.

O Amor mais ainda.

Apesar de tudo, não sou triste.

Apenas desanimada.

Sinto que esta infelicidade

é resultado de minhas expectativas.

A minha alma está exposta.

Meus medos.

Meus Anseios.
Minhas decepções.
Minhas alegrias.
Sinto me chorar.
Mas como essas lágrimas
São teimosas.
O vento toca em meu rosto.
Como a sussurrar...
Aquieta teu coração.
Vejo e revejo as
Experiências de minha vida.
Fecho os olhos e adormeço.
Para sonhar com uma
Nova história de vida.
Minha alma se esconde.
Novamente nos porões
Da minha psique
Sonho com um novo porvir.
Descanso em silêncio.
Silêncio da Vida.
Silêncio da alma.

TARSILA DO AMARAL E ARTE MODERNA NO BRASIL
(DEUSENI FÉLIX)

A arte modernista representou uma crítica às estruturas mentais das velhas gerações, na verdade foi uma crítica que movimentou muitas correntes artísticas no mundo. Aqui no Brasil não foi diferente, tentou penetrar mais fundo na realidade com inconformismos diante de uma arte que não tinha a expressão da cultura brasileira. O modernismo brasileiro sofreu influência das muitas outras correntes, principalmente a francesa que começou a circular nos jornais brasileiros a partir 1914. A Semana de Arte Moderna de 1922 foi o ponto de encontro de intelectuais como Mário e Oswald de Andrade. Eles queriam gerar uma arte genuinamente brasileira, filha do céu e da terra, do homem e do mistério. Com isto revolucionou a mentalidade nacional dando a ela uma autonomia artística, livre da influência de conceitos importados da Europa não só nas artes plásticas, mas também na literatura. O Modernismo Paulista, enfim, professava a liberdade expressiva de temáticas nacionalistas e este novo conceito atingiu vários status da linguagem artística no Brasil. Dentro dessa nova realidade, surge Tarsila do Amaral que não participou da Semana de Arte Moderna em São Paulo por estar em Paris, mas ao retornar, logo aderiu e integrou-se ao movimento modernista, incluindo em sua arte a pintura de temas brasileiros. Tarsila filiou-se definitivamente ao movimento ao pintar a obra "A Negra" em 1923 revolucionando a arte moderna, mudando o cenário histórico-cultural brasileira. Tarsila apresentou um dos movimentos mais radicais do período, a "Antropofagia" ou Movimento Antropofágico" que tinha como proposta alimentar a arte brasileira da própria cultura local. Tarsila foi uma das pintoras brasileiras mais reconhecida em todos os tempos. Para compreender um pouco mais de sua trajetória selecionamos algumas obras mais importantes. ABAPORU (1928) é o quadro mais famoso da artista. Encontra-se no Museu de Arte Latino Americano de Buenos Aires. MALBA ANTROPOFAGIA 1929 que está no Museu de Arte Moderna de Nova York. OPERÁRIOS 1933 que está no Palácio dos Bandeirantes, em São Paulo. A NEGRA de 1923 está no Museu Contemporâneo em São Paulo. USP COSTUREIRAS de 1936 encontra-se no Museu Contemporâneo USP.

AUTO RETRATO 1923 no Museu Nacional de Belas Artes do Rio de Janeiro. A CUCA de 1924, encontra-se no Museu de Grenoble na França. Pintou também CARNAVAL EM MADUREIRA, em 1924 e ABAPORU, em 1928.

SOLIDÃO
(EDNA FROEDE)

Estar sozinho de si mesmo...

Nunca vivi a solidão,

propriamente dita.

Eu me tenho.

Tenho aquela voz interior que creio:

é DEUS em mim.

Tenho lembranças de tempos idos e vindos.

Decepções e tristezas?

Muitas...

Mas as alegrias são maiores;

sendo assim,

não conheço a solidão.

Tenho minha companhia,

e de vez em quando,

outras físicas e virtuais,

as quais me trazem muito companheirismo

e carinho para a alma.

Tenho também como companheiros,

os livros, vídeos e lives.

Por que será que tantos reclamam da malvada solidão?

Entendo que essa solidão,

seja o sono do amor no coração.

Às vezes, esse amor dorme e aí sim,

nada preenche.

Sem o amor acordado,

a morte é iminente,

pois sendo assim,

queremos dormir com ele também...

UM NOVO CAMPO DE GUERRA...
(ÉLLE MARQUES)

Semana, centenário, surrealismo... Novo imaginário.

Mutantes da arte, da música e da escrita armaram-se vanguardistas com ferramentas "invencionistas", aparentando equívocos, e impactaram o ambiente, arrancando, teatralmente, as máscaras da plateia, deixando-as fragmentadas tal qual "As Senhorias de Avignon", de Pablo Pìcasso.

Foram muitas as opiniões de descaso acerca dos "escultores daquela semana revolução", conduzidos por Graça Aranha, Di Cavalcanti e Menotti Del Pichia. A arte de Tarsila do Amaral, Ismael Nery, Candido Portinari e Anita Malfatti era esculpida com novas concepções. Na literatura, o francês Guillaume Apollinaire, o português Mário de Sá Carneiro, o russo Vladimir Maiakovski e o brasileiro Oswald de Andrade reforçariam o novo movimento do Modernismo...

Aristóteles que continuasse a revirar-se no túmulo em defesa das formas de arte que imitavam a realidade. A bem da verdade, as ideias pareciam confundir, modificando as formas. Os literatos escreviam as verdades cruas... verdadeiras trincheiras armadas contra a hegemonia do parnasianismo e do academicismo. Eclodia a força dos sentimentos, da opinião, da interpretação...afrontou-se a rigidez das métricas na poesia, em defesa da liberdade dos versos e da subjetiva pontuação... que situação!

Foi uma Semana de "conceitos brutais", tipificando um "campo de guerra", no qual Manuel Bandeira, de início, quase teve que engolir "Os Sapos" ... O pé machucado de Villa Lobos lhe valeu uma imensa vaia.

Inchou-se a veia da República Velha, dos oligarcas do café e dos conservadores assistindo ao desfile dos subversores, os "espíritos cretinos e débeis", como referiu-se a imprensa aos artistas e escritores que se apresentavam, a exemplo de Mário de Andrade, Heitor Villa Lobos, Manuel Bandeira e Ernani Braga. Rubens Borba de Moraes, Cândido Motta Filho, e Paulo Prado, Ronald de Carvalho, Menotti Del Picchia, Guilherme de Almeida e Sérgio Milliet. Por toda a Semana da Arte Moderna (11 a 18 de fevereiro de 1922), foi manifesta a defesa de novos conceitos para a harmonia, proporção, beleza e perspectiva, na pintura, na escultura, na música, na literatura e, principalmente, na poesia...

Estilos como o Cubismo e o Expressionismo passariam a influenciar os artistas brasileiros. Valorizou-se o regionalismo, na poesia e na música. O indígena emergiu na pintura, e as caricaturas de Di Cavalcanti passaram a ser uma tendência. Para quem desgostou-se com o Modernismo, paciência! O movimento virou referência. O olhar mui dimensional, plural, foi valorizado... estava posta a nova ciência das artes! Qual o seu sentido? Nada precisaria ter sentido, bastando apenas ser sentido.

O CÉU É VERDE E AMARELO
(ENY CRISTINA DA SILVA SOUZA)

A sociedade brasileira, no início do século XX, abraçou a perfeição como se a elite dominasse os vocábulos clássicos. A beleza refinada pairava em cada olhar de poeta.

"A arte pela arte" camuflou em sonetos a essência da terra tropical.

A subjetividade perdeu-se entre a sobriedade e a racionalidade.

Era o Brasil das multidões?

Era o Brasil das massas trabalhadoras?

Não, senhoras e senhores.

O Brasil era invisível aos olhos da tríade parnasiana.

Entretanto, ao lapidar seus versos Bilac vivenciou um período de conflitos. A construção clássica sofreu rupturas, sangrou ... sangrou durante a busca pela liberdade de expressão.

Entre as armas, os versos do revolucionário Menotti del Picchia trouxeram a liberdade a arte.

Os versos romperam os palcos, unindo - se a outras vozes artísticas. A irreverência sobreviveu a plateia incompreensível.

Tons verdes e amarelos estenderam-se pela "terra amada, Brasil."

Menotti del Picchia combinando versos livres com assonâncias, ironia e a liberdade de criação conquistou amigos no território nacional.

Ele cantou em seus versos a vida do pacato "caboclo do mato", revelando as dores e amores de um tal Juca Mulato.

Como Menotti del Picchia, outros homens e mulheres quebraram paradigmas.

Heróis que desfilaram manifestos reverenciando uma nova arte em todas as vertentes.

A linguagem do povo brasileiro foi lida e ouvida em versos e prosa. E até hoje é, graças aos tais "futuristas endiabrados".

Assim, explodiu o nacionalismo. A arte reagiu e corrompeu as regras que um dia se destacaram na Literatura Brasileira.

A ARTE MODERNA
(FÁTIMA ROSA)

Portal da liberdade humana,

A arte moderna ditou assim
Uma nova era, e realmente
Revolucionou o cultural olhar ...

É o passear da sua mente,
Numa Comunhão de ideias!

Caminho que se permite
Na emoção estética do nacionalismo.

Além do cenário modernista
Fugindo do cubismo...

Do contexto histórico incrível na nossa memória.

Tudo na arte é criatividade
Na literatura, novíssima inspiração.

Romper com o tal academicismo foi meta.

Libertário momento
Ousadia e liberdade aflorou.

Na sua tenra brasilidade,

Nossa pueril identidade,

Em modo de resgate, a Semana nos marcou.

Neste alvorecer da esperança, a dança libertária.

TARSILA, UMA BRASILEIRA INIGUALÁVEL
(GLENDA BRUM DE OLIVEIRA)

Da menina curiosa crescida em fazendas do interior de

São Paulo, para a mulher irrequieta que desbravou um lugar só seu, no mundo. Rompeu as barreiras culturais provincianas e dedicou-se a aprender a sua arte, tanto no Brasil, ou em lugares mais longínquos, como Paris. Sempre com um olhar crítico e uma ação inovadora.

Destemida, não pestanejou diante das oportunidades que se apresentaram. Começando por suas aulas com Pedro Alexandrino e prosseguindo na Académie Julien, com Émile Renard, em Paris.

Não esteve presente na Semana de Arte Moderna de 1922, mas encanta-se com as notícias sobre ela, dadas pela amiga Anita Malfatti. E retornando ao Brasil, torna-se figura importantíssima no modernismo brasileiro. Formando o grupo dos cinco, com Anita, Oswald, e os escritores Mário de Andrade e Menotti Del Picchia.

Em uma segunda temporada de estudos em Paris, Tarsila estudou com o mestre Fernand Léger. Sob sua tutela, fez a obra Negra, que a colocaria definitivamente como marco, no movimento modernista brasileiro. Ainda em Paris, estudou com os mestres cubistas Lhote e Gleizes. E transitou em ambientes, onde lhe foi possível conhecer artistas famosos estrangeiros, como Picasso, o casal Delaunay, o escritor Jean Cocteau, o escultor Brancusi, músicos como Stravinsky e Eric Satie. Ainda em Paris, desenvolve amizade com o compositor Villa Lobos, e o pintor Di Cavalcanti, além de conhecer pessoas que patrocinavam e incentivavam as artes, Paulo Prado e Olívia Guedes Penteado.

Ao retornar ao Brasil, ela passa um tempo em Minas Gerais. E lá entra em contato com a inspiração, que se torna um dos elementos que marca sua obra, as cores vibrantes, como descrita em suas palavras "o azul puríssimo, rosa violáceo, amarelo vivo, verde cantante". O outro elemento que passa a estar presente em suas obras é a temática brasileira. Ela explorou temas tropicais, valorizando a fauna e a flora brasileiras. Nessa fase de sua obra, ainda está presente em seus quadros, a influência do cubismo aprendido em Paris. Sua produção desse período ficou conhecida, como Pau Brasil.

Voltou à Paris em 1926, para fazer sua primeira exposição solo, que recebeu críticas muito positivas. E essa estada na cidade Luz, ficou também marcada em sua biografia, por ser o local de seu segundo casamento, agora com o escritor, Oswald de Andrade.

Novamente em 1928, Tarsila lança uma nova tendência com seu quadro Abaporu, que o nome significa homem que come carne humana, o antropófago. Seu marido lança um manifesto, que se torna o início do Movimento Antropofágico, que tem o objetivo de transformar a cultura brasileira, que era essencialmente europeia, por uma inspiração mais patriótica, valorizando a partir desse momento o nosso país. Consagrando em definitivo, a importância de Tarsila, para o modernismo e a história da arte no Brasil.

O ano seguinte, ficou marcado por ocorrer a sua primeira exposição em território brasileiro. A crítica dividiu-se nas suas opiniões, sobre o seu trabalho. Muitos não o entendiam, ainda. E com a crise das bolsas de valores ao redor do mundo, e a quebradeira dos cafeicultores brasileiros em 1929, Tarsila e sua família perderam bens.

Em 1930, Oswald se separa dela, o que lhe causa um grande sofrimento, mas ela o encara lançando-se a novos desafios. Como a família perdeu bens com a crise de 1929, ela se lança a um novo tipo de trabalho, além da sua arte. Ela se torna conservadora da Pinacoteca do Estado de São Paulo. E passa a organizar o que foi o início do catálogo da coleção do primeiro museu de arte paulista.

Nessa década de 1930, ela viaja à Rússia e após alguns percalços em Paris, seu trabalho assume um cunho social, que vai ter como marco inicial o quadro Operários. Inaugurando assim, a terceira fase de seu trabalho.

Tarsila, sempre foi como uma força da natureza. Transformou suas dores, decepções, aflições e sonhos, em arte. Uma arte inovadora, vibrante como ela, e libertadora das influências europeias. Ela ainda vai atuar e influenciar durante todo o resto da sua vida, a cultura brasileira através de outros meios, atuando também, como colunista em outros meios de comunicação.

Sua vida e história foram contadas em obras do cinema e do teatro. Nos deixou um legado de amor à arte e ao país Brasil. Um legado artístico inspirador, para as gerações seguintes.

ASAS DA LIBERDADE
(HOSANE HENRIQUE LUCAS)

Da cor do teu verde em versos tropicais

A massa em casulo nas asas da liberdade
Brada a expressão, oh, Mário de Andrade
Liberta minha língua dos versos formais

A aurora já rompe as virtudes dos padrões
É preciso sonhar, com o girassol a florir
Sepultar as colônias e o parnaso destruir
Oh, Macunaíma protagonista das ilusões

No teatro das culturas é noite de sarau
O folclore desvairado deste povo brasileiro
Tá faltando feijão, consciência e dinheiro

Eu quero um país com comida, sal e real
Quero viver, e devorar versos de verdade
Oh, Mário de Andrade: Asas da Liberdade

GRUPO DOS CINCO - GUERREIROS MODERNOS
(IRAN MACENO DOS SANTOSO)

O Modernismo,

Invadiu

o ocidente brasileiro

Como uma

Forte e varonil

Imensa onda de luz.

Para muitos,

Um verdadeiro

E tenebroso presságio

Pois, ele não só mexia

Nas Artes Plásticas,

Como também

No Setor Sócio Político

e econômico.

Atrevidamente

moldava,

mudando singularmente

a nossa Literatura

e os costumes

daqueles tempos.

A sua importância

foi tão Grandiosa,

que não fugiu

aos Olhos de Águia

de Cinco Artistas

conceituados e futuristas.

Duas Mulheres Pintoras

e três Homens Poetas.

Que foram conhecidos

como

o grupo dos cinco.

Eles sim,

enxergaram além!...

Viram a Amplitude

desse Supremo Movimento

e de forma heroica,

por ele Lutaram,

Reuniram o Povo.

que foram as ruas em passivas

e significantes passeatas.

Para o terror dos Poderosos

e preconceituosos.

essa manifestação

era temida.

Porque o Modernismo

nos revelou

a nossa Real Etnia.

Despiu,

nossos reais valores...

Nos trazendo Identidade,

Vida própria, Cidadania

e foi um verdadeiro buraco,

nos conceitos Racistas

de uma Época
pobre de Cultura
e preconceituosa.
A Nova Era Moderna
que se apresentava,
bania,
o Estereótipo europeu
e trazia
a beleza,
dos costumes indígenas
e mestiços.
Expulsando completamente,
cenários e personagens
trazidos da Europa
que eram referências
em nossos Romances
e Telas;
revelando assim,
a nossa Real Realidade.
Composta de Matas, Ocas, Fazendas
e a representação
de figuras
de Frutos Tropicais,
em belíssimos Quadros,
pincelados com grande estilo.
Momento Divinal esse,
que nos trouxera
uma Nova Concepção de Arte
e o surgimento,

de uma Dramaturgia Nossa.
Com um saboroso tempero
bem Tropical.
Que nos trouxe personalidades
fictícias e Inesquecíveis.
Como: Capitu, Iracema, Helena,
o Malandro Preguiçoso Macunaíma.
Também
 não podemos nos esquecer,
da Morte e Vida Severina.
Da Cabocla Sensual,
Gabriela Cravo e Canela
e da Tereza Batista
Cansada de Guerra.
Vamos comemorar,
certamente
com grande categoria e louvores.
Os cem anos
de Libertação
e inovação da Arte.
com a cara de Nelson Rodrigues
e repletas
das Novas Formas
e Estilos Poéticos
que agora podem Existir
e com sucesso persistir.
Num lindo Tempo
de Vanguarda!...
e, como aqueles

Cinco Artistas do passado!

Eu, solenemente afirmo.

O Moderno, não só Eternizou-se.

Como,

com certeza

arrancou a Máscara

e do Brasil,

a Verdadeira

Face Mostrou.

Cinco Artistas do passado!

Eu, solenemente afirmo.

O Moderno, não só Eternizou-se.

ARTE MODERNA – TUDO UMA POESIA
(IRENE DA ROCHA)

Pensar em arte moderna

É levar nossos pensamentos no ano de mil novecentos e
Vinte dois.

Irmãos Europeus inspiravam:

Na música, poema, pintura, dança,

E tudo virava uma poesia.

Pensar em arte moderna

É levar nossos pensamentos na natureza,

Na fauna, em tudo que Deus criou.

E tudo vira poesia.

Pensar em arte moderna

E tirar do armário e da parede

Nossos escritos e pinturas que ordenam nosso lar.

E tudo vira poesia

Pensar em arte moderna

Para mim é falar de nossa brasilidade

Falar com poetas, poetisas e amigos da cultura.

E tudo vira poesia.

Pensar em arte moderna

E festejar com amigas e amigos

Fevereiro de mil novecentos e vinte dois.

Que com certeza: Tudo vira poesia.

Pensar em arte moderna.

É registrar o legado aos artistas modernistas

E gritar a todos os brasileiros
Estamos aqui, e aqui fazemos poesia.

MEU OLHAR – ARTE MODERNA
(IRENE DA ROCHA)

Mil novecentos e vinte dois,

O Brasil passou por modificações sociais, políticas,

Econômicas de estremecer o mundo.

Nasce a semana da arte moderna composta de artistas,

Escritores, músicos e pintores em busca de inovações.

O intuito era romper os parâmetros em vigor,

Pensar numa nova proposta de arte.

Começou uma mudança radical

na arte, literatura e escrita acadêmica.

Diante dos olhos dos estudiosos

Foi um afronto, que veio para ficar.

Para cultura, na característica das artes e escrita.

As discussões jornais, a críticos veio à tona.

Neste momento a arte moderna

Revolucionou o mundo, trouxe hábitos diferentes,

Mudanças da estética, de cores, a escrita mais livre.

O modernismo se instala mesmo sendo taxado de

Loucos,

Pelos críticos e jornais.

Assim os artistas continuaram na propagação de ideias.

A revolução na arte toma conta do país, assim ficou nos

Anais.

COINCIDÊNCIAS DA SEMANA DE ARTE MODERNA?
(JACQUELINE SOUZA)

Às vezes, pego-me a pensar num passado, não o meu passado, mas um passado que nunca foi meu e que desejaria ter vivido. Acredito que não estou sozinha nesse pensamento, nostalgia de algo não vivenciado. Estranho? Talvez.

Agora me pego em devaneios, procurando algo na memória que não me pertence, todavia, de tanto ler sobre o assunto, sinto-me fazendo parte da época e criei memórias que me fazem sentir alegria e tristeza ao mesmo tempo.

Ah, Semana de Arte Moderna, quisera ter entrado no magnífico Teatro Municipal e subir as escadas suntuosas, envolvida pelas roupas da época, encontrando pessoas cheias de literatura no sangue.

Teria eu pulado com os sapos de Manuel Bandeira, recitado por Ronald de Carvalho?

Teria batido meus pés com os jovens estudantes em oposição ao novo ou teria aplaudido de pé extasiada de emoção?

Teria me desvairado com a Pauliceia de Mário de Andrade ou teria vivido os amores do Amor, verbo Intransitivo?

Teria me manifestado antropofagicamente com Oswald de Andrade?

Teria viajado no mundo onírico da música com Heitor Villa-Lobos?

Teria me apaixonado como Anita Malfatti pelo Homem Amarelo?

Teria brincado com os Fantoches da Meia-Noite de Di Cavalcanti?

Teria me perturbado com O homem e a Morte de Menotti Del Picchia?

Teria orado com São Francisco com bandolim de Brecheret?

Volto do passado pensando sobre a Semana de Arte Moderna e tantos artistas que não mencionei, que depois vieram a fazer parte desse movimento sem retorno.

Embora não tenha participado da célebre Semana de Arte Moderna, a bela dama Tarsila do Amaral, juntou-se ao grupo, oferecendo-nos o quadro famosíssimo, Abaporu e tantas telas.

Este ano comemoramos o centenário desse evento que modernizou e derrubou barreiras e estéticas.

Depois deles não mais se seguiu parâmetros e onde ficou o Parnasianismo? Alguém viu, soube dele?

É evidente a transformação na literatura brasileira. A cultura brasileira apresentou marcas de um novo mundo, entrelaçado ao mundo.

Dizem que não existe coincidência, será? Um dos organizadores da Semana de Arte Moderna é o meu patrono Graça Aranha, que nos trouxe Canaã, obra que mexeu muito comigo. Fundador da Academia Brasileira de Letras. Amo falar, ler, ouvir tudo que se relaciona a este período. Quando soube que seria meu patrono, fiquei em êxtase. Mundo pequeno? Posso rir?

Recentemente participei de uma palestra da escritora Maria Adelaide Amaral na Academia Paulista de Letras, do Clube de Leitura, sobre a Semana de Arte Moderna, inclusive escreveu a minissérie: Um só coração, que retrata os acontecimentos do referido período. Nem preciso dizer o quanto fiquei maravilhada em poder falar com ela, mesmo on-line, obviamente foi muito válido. Outra coincidência?

Pena ter de parar meus apontamentos, entretanto o tempo passa rápido demais, quase meia-noite...

Uma salva de palmas aos desbravadores que agora têm seus nomes imortalizados na história da vida!

AMAZÔNICO
(JOSÉ HÉLITO)

Amazônia de colorido férteis,

Terra continente,
Onde canta o Flautim e o Caburé,
Nas trilhas sonoras do igarapé.

Suas matas de castelos verdes,
Guardam riquezas potenciais,
A fauna múltipla – uma obra prima,
E a flora que equilibra o clima.

Povos da floresta espiam o rio,
Volumoso em seu roteiro,
Estrada percorrida por barcos viajores,
Homens se fazem historiadores.

Agora a floresta chora,
Pelas árvores abatidas,
Pelos animais em extinção,
E as leis subvertidas.

A ambição deteriora o ecossistema,
Grileiros ensanguentam o solo,
Madeireiros corrompem com dinheiro,
Gerando prejuízos ao mundo inteiro.

Os índios rogam a Tupã,
Proteger a mata,
Curupira recebe a missão,
De defender a floresta em destruição.

Surge um ar de esperança,
Nos parlamentos do planeta,
Instituindo a ecologia,
Na legislação com primazia.

Que continuem os rios a respirar,
As árvores a verdejar,
A ciência educadora,
Desperte a espécie predadora.

EVOLUÇÃO DA ARTE (CENTENÁRIO DA ARTE MODERNA)
(JOSE HENRIQUES MARTINS)

A arte é uma criança em crescimento

O crescimento que conduz o ser à criatividade
A criatividade dá a vida o sentido do movimento
O movimento nos reverencia em sua divindade.

A arte é a realização da inspiração da alma
A alma retira dos sonhos a essência da inspiração
A inspiração veloz como luz busca o sentido na calma
A calma é a expressão divina do amor de Deus em nosso coração.

Cem anos se passaram e a arte moderna amadureceu
A humanidade evoluiu graças a modernidade da arte
Arte precisa, arte concisa, arte viveu e resplandeceu
Amor é arte e arte é vida, anos virão com discurso aparte.

OS 100 ANOS DA SEMANA DE ARTE MODERNA DE 1922
(JOSÉ OLÍVIO DE SÁ CARDOSO ROSA)

Curiosidades do evento

A Semana de Arte Moderna, realizada no Theatro Municipal de São Paulo em fevereiro de 1922, completa 100 anos neste ano de 2022. Foi um movimento que teve por objetivo romper o rigor das normas tradicionais vigentes e, desta forma, trouxe inovações na literatura, na escultura, na pintura e na música. O evento foi organizado por um grupo de intelectuais e artistas, com apoio da elite cafeeira paulista, e fez com que o Modernismo se tornasse sinônimo de um estilo novo. Este movimento foi liderado por Oswald de Andrade, Mário de Andrade, Anita Malfatti, a grande inspiradora, Tarsila do Amaral, autora do Abaporu, que se tornaria o símbolo desse movimento, Lasar Segall, Di Cavalcanti, Cândido Portinari, Menotti Del Picchia, Victor Breheret e Heitor Villa Lobos. A intenção dos seus organizadores era renovar e recriar uma arte genuinamente brasileira, mas acompanhando as tendências que já vigoravam na Europa pós-guerra. Desta forma, tornou-se o marco do movimento modernista brasileiro. Seus efeitos e repercussões marcaram, de forma definitiva, a arte, a arquitetura e a cultura brasileiras a partir de então.

Como promovia mudanças muito radicais para a época, tornou-se alvo de muitas críticas e polêmicas. Se Anita Malfatti foi a inspiradora do movimento, Monteiro Lobato, com suas críticas contundes da oba de Malfatti, manifestadas num artigo no jornal O Estado de São Paulo, em 20 de dezembro de 1917, criticou, de forma contundente, mesmo reconhecendo seu talento, a exposição de Anita Malfatti, recém-chegada da Europa, realizada recentemente. Lobato defendia que "todas as artes são regidas por princípios imutáveis". Diante disso, tornou-se o motivador da promoção dessa semana através de Oswald e Mário de Andrade que, também jornalistas, iniciaram a campanha para realização dessa semana modernista. Esta foi a primeira curiosidade importante.

A segunda, que merece destaque e citei acima, foi o apoio e financiamento dessa semana pela oligarquia cafeeira paulista, em pleno auge. Essa oligarquia tinha interesse em transformar São Paulo numa referência cultural, posto então ocupado pelo Rio de Janeiro.

Talvez porque a intenção fosse, de fato, experimentar e provocar mudanças, a Semana de Arte Moderna, na verdade, durou apenas três dias, alternados e divididos por temas. A semana seria de 11 a 18 de fevereiro de 1922, mas, realmente, teve início no dia 13, quando o teatro foi, efetivamente, aberto. Nesse dia foram expostas pinturas e esculturas. Só que, nessa oportunidade, não contou com a presença de Tarsila do

Amaral, certamente a pintora de maior expressão do movimento, que se encontrava em Paris. Toda aquela modernidade não agradou ao público, que indagava se os quadros estavam pendurados de forma correta. O dia 15 foi reservado para a literatura. Nesse segundo dia também um nome importante, Manuel Bandeira, por se encontrar doente, não pôde comparecer para declamar o seu poema, Os Sapos. Toda a modernidade, mostrada nas apresentações desse dia, também não agradou ao público e foram seguidas de vaias.

Já no terceiro dia, 17 de fevereiro, dedicado à música, conta-se um fato inusitado ocorrido nessa oportunidade. Foi quando o então apenas músico, Heitor Villa Lobos, entrou para sua apresentação calçando sapato em um pé e chinelo no outro. Isto foi considerado um desrespeito pelo público presente, que o vaiou furiosamente. Posteriormente o maestro esclareceu que fora calçado dessa forma porque estaria com um calo no pé.

Essa reação do público ecoou entre os especialistas, que retomaram as críticas de Monteiro Lobato por acharem o movimento de pouca importância. Entretanto, mesmo sendo encarado dessa forma, o movimento tornou-se o marco que deu início ao Modernismo no Brasil, provocou os efeitos sentidos em todos os aspectos da cultura brasileira e fez surgir outras fases desse movimento, quando apareceram Carlos Drummond de Andrade, Raquel de Queirós, Graciliano

Ramos e outros nomes que se consagraram na literatura e nas artes brasileiras.

AMIZADE POÉTICA
(JUSSARA CARVALHO)

Poesias da minha essência

Pensamentos que desencadeia
O amor que tenho em minha alma
Paixão que às vezes incendeia

A poesia é magnífica
Canaliza as emoções
Alimenta a alma
Une os corações

Um belo dia eu pensei
Em fazer amizade e espalhar o amor
De repente eu encontrei
No jardim da poesia uma grande flor

Seu perfume é a inspiração
Que vem de dentro e transborda
A energia espalha como a água
Que não se prende com uma corda.

O VENTO LEVOU
(JUSSARA CARVALHO)

E o vento levou

Levou o pó da estrada

As telhas das casas

As roupas do varal

Levou as minhas dores

E me deixou nua

E o vento levou

Levou todas as mentiras

A fumaça do cigarro

As cores do arco-íris

Levou as nuvens pra chorar

Em outro lugar

GRANDIOSO SOL
(JUSSARA CARVALHO)

Que em cada amanhecer, o sol traga também luz e calor para os nossos corações.

Ainda que não possamos sentir seu calor na nossa pele nem ver seus raios, que dentro de nós haja radiação.

Que o novo dia continue sendo símbolo de esperança, de fonte de novas oportunidades.

Que a manhã venha secar todas as lágrimas da noite e remover toda a escuridão das nossas almas porque o grandioso sol é o fogo que afasta as trevas com seu brilho fulgurante.

Assim como essa luz brilhante não é efêmera como o trovão, que ela não permita que o anoitecer congele nossos corações.

E quando a noite chegar, o sol estará latente nos mantendo vivos e sendo força para seguirmos em frente.

ARTE AO LÉU
(KATHLEEN EVELYN MÜLLER)

Diz-se que a Arte Moderna,

Na Semana, introduziu
Definição hodierna:
Ferir padrões induziu!

Aos princípios norteadores,
De aprimorar perfeição,
Modificando valores,
Fez-se a total rejeição!

Extravagância sonora...
Com luzes entorpecentes!
Da moral, questiona agora,
Juízos remanescentes!

Mostram obras questionáveis!
Em pobres, vazias talhas,
De Egos, ditos notáveis,
Exibem certas medalhas!

Desprezando bons conceitos,
Basta a fama concorrer,
Sucatearam seus feitos,
Atropelando o entender!

Apreciação leviana,
Não discernir nos engana;
Omitindo a falha humana,
Dizem TUDO ser bacana!

Inspiração é a gema
Que precisa lapidar
Um poema ter esquema
É tradição milenar...

Buscam moldes definir.
Espalhando até troféu,
Se critérios abolir,
Resta a "arte" feita ao léu!

ANTROPOFAGIA
(LUIZ PAULO FLÔRES)

"Decifra-me ou te devoro! "

Reverbera no oráculo ...
Sob o umbral do universo,
Um grito no silêncio ecoa,
Levanta-se uma voz incógnita ...
Imersa no mundo da estética,

Monstro pantagruelista,
Ícone da burguesia....
Locupleta-se na insanidade,
Que dilacera o corpo esquálido ...
E devora a lúgubre alma ...
Num ímpeto insaciável,

Recrudesce tua fome voraz,
Numa ânsia primitiva,
Incestuosa e bárbara,
Num banquete tribal ...
Irrompe o homem canibal!...
Devorando suas vísceras,

Míseros seres narcísicos
Magnatas empanturrados
Que fenecem de congestão,

Almas áridas, autofágicas
Semblante de alienígenas,
Meros escravos do sistema

Alguns ousam gritar nos púlpitos,
Orar no santo tabernáculo...
Numa profana hipocrisia ....
Sarcasmo ou mediocridade?...
Ser mutante, espectro de chacal
Agora, vagando trôpego na ribalta!

No múltiplo e surreal mosaico
Talvez numa falácia enganosa,
Talvez o pranto dos órfãos da utopia
Oriunda da loucura egocêntrica,
Faz acordar da sonolência onírica!

Homem, ser insano e energúmeno!
É tempo de despertar da orgia!
Na profusão de imagens abstratas,
De loucos e insurretos iconoclastas,
Levanta te vulto claudicante!
Vociferante de formas rígidas,

Afasta-te das almas frigidas!
Ó! Caminhante obscuro e cético!
Encontra-te no teu paradoxo!
Ouse crescer na sapiência!
Sem degenerar o dogma ...

Desperta o pensamento que liberta!
A consciência que salva o planeta!
O bálsamo que cura a alma!...
Não te deixe morrer sem viver!

Rebela-te ante ao holocausto...
Enxuga as lágrimas de sangue!
Que gravita em tua escória!...
Esculpida na caverna inóspita ...

Resgata o voo da liberdade!...
Porque tua fome inexorável...
Faz ressoar a voz instigante e insólita,
Abaporu.... Abaporu.... Abaporu

ABSTRATA
(LUIZ PAULO FLÔRES)

Eu celebro a vida e a arte !

Que transcende o surreal,
Eu exalto, o belo abstrato,
Trajado de arlequinal ...

A Arte em sua essência !...
Na linguagem coloquial
Num estilo multifacetado ...
Âncora da identidade cultural

Uma revolução na estética,
Vibrante grito da modernidade
Rompendo paradigmas...
Enaltecendo a liberdade.

VERSOS VELOZES
(MARIA DE FÁTIMA DE SÁ SARMENTO)

Hoje quero ser um poeta

Que não sirva apenas de enfeite

Minha poética vem contar uma

história de forma diferente, tem

Dores do mundo e alegria entre

Homens, mas acima de tudo tem

Uma palavra forte e contundente

Que vem gritar de pavor ou de amor

Com toda carga de humor ou demência

Estou farto de ser chamado de poeta

Sou um construtor de versos dilacerantes

Que te deixam em dúvidas se é poesia ou não

Carrego comigo uma carga de inimigas

Palavras vãs do passado, elas sim,

Assustam-me ou quase. Trago o canto

Dos passarinhos para minhas rimas e

O balanço das folhas embaladas pelo

Vento e o olhar

Ao longe, um ciber-poema, criar verso

Tão veloz quanto o supersônico voar

E mostrar minha poética ao mar!!!

LIVRE ARBÍTRIO
(MARIA DE FÁTIMA DE SÁ SARMENTO)

Sou contra qualquer

forma de se calar
uma voz, uso o meu
jeito de escrever
a forma de ver a vida
a meu bel prazer,
se quiserem me ler que
leiam nas entrelinhas
e não venham com essa:
a literatura não
é a mesma, não tem
que ser! A vida está em
movimento, o espaço
muda, o tempo voa
o pensamento não congela,
o que se disse no
passado ou se renovou
ou está em formação.
Quem está além do bem
ou mal, ninguém!
A evolução constante passa
Pela leitura e a escrita
"Se leio, logo escrevo"
penso bem e formo
Meu Livre Arbítrio!

SEMANA DE ARTE MODERNA: DAS SEMENTES À COLHEITA DA FLORADA
(MARIA JOSÉ BASTOS)

O Theatro Municipal de São Paulo, imponente, rebuscado e belo, idealizado e projetado como condiz com a Ópera de Paris.

Rota de espetáculos e óperas internacionais. Utopia realizada pela elite que predominava.

Neste clima de europeização surge um movimento em defesa da valorização da arte e da literatura firmada no espírito dos novos tempos e na nossa cultura.

Sempre que voltava das frequentes viagens a Paris, Oswald de Andrade, o Ponta de Lança da Semana de Arte Moderna, dizia: "Estamos 50 anos atrasados, chafurdados no parnasianismo".

O real vence o ideal, rompem-se as amarras nos versos soltos e livres do poeta inspirado na diversidade, nos falares étnicos, na cultura, na oralidade e na brasilidade.

Das sementes plantadas, a Semana de Arte Moderna brotava rompendo com o purismo e o parnasianismo distantes da realidade.

Oswald de Andrade, Mário de Andrade, Tarsila do Amaral, Menotti Del Picchia e Guilherme de Almeida, dentre outros artistas, poetas revolucionaram a estética das artes e da literatura.

A Semana de Arte Moderna, de evento em livraria transformou-se em um grande festival, virou o século na semana de três dias.

Nasceu no berço da elite e da burguesia. A história não mente, naquele período histórico não poderia ter sido diferente.

Foi uma espetacular manifestação artística -cultural, telas de artistas cubistas, expressionistas, esculturas, maquetes de arquitetura, música e literatura.

Show de vaias insistentes, aplausos e muita resistência. Não leram as telas expressionistas da Anita Malfatti, de Di Cavalcanti e de tantos outros artistas e poetas.

Nem mesmo ouviram o poema "Os sapos" de Manuel Bandeira, vaiado e não declamado. Benditas sejam a ousadia, a rebeldia e a resiliência dos jovens artistas e poetas modernistas.

SEMANA DE ARTE MODERNA: DA COLHEITA À FLORADA
(MARIA JOSÉ BASTOS)

Na Colheita da Florada entre a Paulicéia Desvairada e Macunaíma destaca-se o Manifesto Pau-Brasil, chega de exportar café e madeira, vamos exportar a arte e literatura brasileira.

O Manifesto Antropófago de Oswald de Andrade é fazer arte assimilando a cultura estrangeira, comendo- a no sentido transpofágico, recriando-as.

100 anos depois, Oswald de Andrade é atual, dialoga com os jovens do século XXI.

Os tropicalistas, beberam do modernismo antropofágico, reinventaram a cultura e revolucionaram a Música Popular Brasileira.

Do carnaval nos salões, das colombinas e dos pierrôs apaixonados, ecoa o samba no asfalto fervente, a verve das letras na voz dos libertados.

A arquitetura é uma das áreas mais bem sucedidas do modernismo. Oscar Niemeyer, tua arte também é poesia.

Os modernistas nasceram da elite e da burguesia, hoje, os sons as vozes a arte e a literatura ecoam fortes vindas da periferia.

INSPIRAÇÃO ARTÍSTICA
(MARTA NIVEA CASTRO)

De fato, Anitta Malfatti revolucionou seu tempo com sua arte. Anitta Malfatti nunca foi construção fixa. A arte hoje é a desconstrução no sentido de revelar a alma do artista. Sendo assim, Anitta foi a artista que melhor representou o movimento da Arte Moderna. Malfatti, sobrenome italiano, significava mal feito, apenas confirmando a conjectura de sua formação e dom artístico. Em suas pinturas se refletia sua alma em cores e matizes exuberantes.

Na imperfeição de suas formas se refletia sua arte. Sua obra exuberante impactava os questionadores da sociedade da época. Da sua inspiração jorrava o inimaginável, o gracioso, o surpreendente, o eloquente.

Foi assim que, eu, Nivea Castro, me vi tocada e absolutamente sensibilizada por seu trabalho. Curiosamente, Nesse encontro magnífico, percebo a similaridade em nossas obras. Talvez pelo fato de também de me sentir livre e plena nas minhas formas e cores transbordantes, cheias de emoção!

Anitta era magnética e foi através do seu magnetismo e de sua inspiração que dei início a minha nova fase enquanto artista plástica.

Que venham suas cores! Que venham seus amores e dissabores e provoque as minhas pinceladas de modo a retratar a essência do amor, homenageando assim a nobilíssima artista Anitta Malfatti.

EVOLUÇÃO DA ARTE
(NANCY MICHEL PARDO)

Evolução da arte

Como o universo

Está em constante movimento, assim também

Não podemos conceber a arte estática sem movimento,

Artístico como ser;

Pintura, música, esculturas.

A poesia também está em constante movimento como parte
da arte moderna,

A arte em todos os seus aspectos evoluiu

Comparado há 100 anos atrás, veio com magia

Das mil cores que a sensibilidade despertou

Criar, inventar, sonhar.

Mesma base mas

Mais moderno, uma mudança notável que brilha aos olhos
do criador e do espectador.

SEMANA DAS ARTES
(NILLO SÉRGIO COSTA)

Ainda não perdemos

a liberdade de expressão
Sentir ou não sentir
e isso só cabe a quem sente,
ao poeta, ao artista que sente,
e não mente, também não aumenta,
não esconde, nem oculta sentimentos.

A verdadeira arte
é a que existe dentro de cada um de nós,
ela é a única forma de se expressar,
o sentimento que existe dentro
de uma forma mais sensata
de se enxergar a natureza.

A vida que existe no canto dos pássaros.
Em cada aquarela, em cada tela o sentimento
se expressa em cores diversas
que podemos explora-la sem medo de ser repreendido por
aqueles que não entendem
as razões que a arte prevalece em um artista,
como a poesia invade sentimentos
por razões seguras a um texto poético.

NOVOS CAMINHOS
(NILLO SÉRGIO COSTA)

Menino veste suas roupas

e vamos passear.
Novos caminhos eu quero
hoje lhe mostrar.
Guarde bem o que você
for presenciar.
A vida tem novos começos
 tem que escutar.
Conselhos bons vem para
nos ensinar.
Que a vida tem suas palmatórias
para nos incentivar.
Porém a poesia também é um gesto
de amor para amenizar.
Vamos entrar em mais um ano
cheio de expectativas e esperanças.
Um novo caminho, um novo tempo
pra esquecer o que ficou lá trás.
A poesia a anos lá trás sofreu
porém hoje reconhecida como arte
deixou de sofrer preconceitos.
A arte é cultura, poesia é renovação
poetas de todo o mundo virtual
a censura já foi mais carrasca

com todos nós, nos bloqueando.

VISCERAL
(NILSON FERREIRA NETO)

A dor que esse peito invade

Que trará a morte, cedo ou tarde,

Faz da vida uma raridade

Pois sua essência é a precariedade.

Emerge do interior

Espasmos de devaneios

Vozes que se calam

Em silêncios que gritam.

O poeta, esse ser mutante,

Rima com maestria

Repentes de sabedoria

No universo da fantasia.

Na própria poesia

Uma ilusão em sintonia

Entre o homem que morria

E o poeta que nascia.

O homem que morria

Na morte celular, intermitente,

Nos órgãos que se degradam, vagamente,

É o mesmo poeta visceral

Que de forma triunfal
Passou por essa vida tão banal!

CALMARIA E TEMPORAL
(NILSON FERREIRA NETO)

Afrontar a estética

Da burguesia patética

No instrospecto porvir

Da arte sem limites

Que a utopia nos permite.

Navegantes a deriva

Em quadros e premissas

Contra toda submissão

Da imposição da criação

Semana da libertação

Moderna concepção.

Artistas a frente do seu tempo

Esculturas, pinturas e literatos sentimentos

Quão grandioso foi esse momento

Um século da revolução

Da liberdade em toda forma de expressão.

Dogmas e paradigmas

Extirpados da cultura

A moderna aventura

Numa semana triunfal

Fez a arte sair do limbo

E da calmaria se fez o temporal

O artista se libertou do trivial

Sua criação não precisava mais ser tão formal!

O NÃO DITO
(PAULO SOROKA)

Sem palavras

no presente momento ----
existe apenas a presença
contundente
das palavras não ditas
sábias palavras
que aguardam silentes
o momento exato
de ganharem a luz do dia

O tempo é fiel
e confiável guardião
de palavras em gestação
diligente mensageiro
que sabe o exato instante
de sustar o silêncio ----
as cartas são postas
sobre a mesa
descortina-se a cena
a realidade inescapável
revela suas feições
e a verdade de cara lavada
cabeça erguida peito aberto
enfim emerge da escuridão

DEPOIS DA VENTANIA
(PAULO SOROKA)

E se a vida fosse colorida

por paleta de infinitas cores
e a obstinação do tempo
cedesse aos secretos anseios
de quem desejasse fazê-lo
avançar ou retroceder
e se a luz do dia adentrasse
a escuridão da noite ---
o lusco-fusco prolongado
inundando todos os recantos
recriando encantos
com seus múltiplos matizes
tantas vezes esquecidos

E se todas as fronteiras
fossem de súbito abolidas
os muros derrubados
e o mundo transformado
em uma grande aldeia
permitindo idas e vindas
de gente com voz mansa
entoando belas cantigas
com inédita harmonia
trilhando amplos caminhos

frescos iluminados floridos
jamais antes percorridos
E se num único instante
as histórias malfadadas
pudessem ser reescritas.
cada trecho cada linha
novos caminhos encontrados
trilhas criadoras de destinos
e se por fim mais uma vez
depois da ventania
um outro primeiro dia
pudesse ser inaugurado

ESSÊNCIA
(PAULO SOROKA)

Preciso inventar
palavras para falar
sobre lonjuras vizinhas
presenças ausentes
bonitezas hediondas
sobre rudes delicadezas
certezas duvidosas
escuras claridades
sobre infinitas finitudes

Preciso descrever
lembranças esquecidas
saberes não sabidos
escutas clandestinas
cegueiras visionárias
juventudes carcomidas

Humanidades avessas
à simples formatação
sensorialidades alheias
a estreitas definições
nuances infindáveis
matizes incontáveis
da sempre intangível

natureza humana ---
seus íntimos mistérios
suas luzes, suas sombras.

ESPÍRITO ARTIVISTA
(PIETRO COSTA)

Os túneis temporais a atraveRssar

Locomotiva poética tresloucada
Por todas as linguagens, a perpassar
Semana da arte inventiva e ousada

Theatro Municipal de São Paulo
Entre 13 a 18 de feverciro de 1922
Outras estéticas, um novo marco
Ao academicismo se sobrepôs

Viajar nas vanguardas europeias
Sem desviar da cultura nacional
Aproximar-se da linguagem oral
Burlar enfadonhas regras e ideias

Oswald, Milliet, Brecheret, Malfatti
Heitor Villa-Lobos, Mário de Andrade
Escandalizar, o lema de cada baluarte
Espírito artivista - novel forma de arte

FOME INEXORÁVEL
(PIETRO COSTA)

A arte desperta de um sono profundo

E logo se desfaz dos lençóis refinados
Quantos sonhos foram procrastinados?
Quantos ímpetos a flanar pelo mundo?

A liberdade acorda de um sono dilatado
Rompendo a espiral do silêncio recatado
É a linguagem do corpo como resistência
Coloquial e vulgar, enlace de experiência

E a ousadia se exibe no palco à patuleia
Ocupando o Teatro Municipal de Sampa
Tradicionalismo em xeque, nova estampa
A sedução da vanguarda artística europeia

Basta desses milhões de normativas estéticas
Das seções sobremodo tediosas e despoéticas
Inevitável, inadiável, é o alvorecer iminente
Abracemos os ventos, emissários do presente

Desbravar a selva das dores anônimas
Nas figuras deformadas e cenas sem lógica
Na sutil criatividade ao retratar as formas
Encarando nossas falanges heterônimas

A arte pela arte é o arroz com feijão insípido
A carecer de tempero para um sabor genuíno
Sirva-se de Oswald, Malfatti, Milliet, Mário
Para o apetite dos sentidos e do imaginário

A cultura a se alimentar, fome inexorável de vida
Antropofagia de letras sem norte adia as mortes
Versos são livres nas telas e esculturas, sem cortes
Na sede de se opor à voracidade tacanha e contida

CENTENÁRIO DA SEMANA DE ARTE MODERNA (SÉRGIO L. MELGARECO)

Entenda a importância desse movimento Cultural.

A semana de Arte moderna foi
Uma manifestação, artístico-
Cultural.
A importância desse movimento cultural no Brasil.
A arte, diria mesmo, na sua generalidade, possibilita um
Profício diálogo com quem a
Prática e também com quem
A observa é a desfruta,
Criando, na maioria das vezes,
Situações riquíssimas descobertas e aprendizagem
Para vida.
A arte existe nas roupas que
Escolhemos para vestir, na xícara
Que usamos para tomar café até mesmo no pão que
comemos.
Ao assistirmos televisão nos
Deparamos com várias linguagens artísticas, propagandas,
novelas etc.
A arte pode ser encontrada em
Todo o lugar, uma vez que
Trata-se de expressões artísticas
E culturais.
A arte está presente em nossas

Vidas de modo a moldar ritmo
Culturas costumes e tradições.
A arte é a contemplação e o
Prazer do espírito que penetra a
Natureza e descobre que ela
Também tem uma Alma.
Na arte a mão nunca pode
Executar algo superior ao que
O coração pode inspirar.
Toda a obra de arte é uma
Personalidade única.
O artista vive nela, depois
Dela ter vivido um longo tempo
Dentro dele.
O artista surrealista tinha
Como objetivo usar o potencial
Do subconsciente e dos sonhos
Com fonte para a criação de
Imagens fantásticas.
Assim as artes plásticas e a
Literatura eram vistas como um
Mcio dc cxpressar a fusão dos
Sonhos e da rcalidadc é um tipo
De realidade absoluta, uma
Surrealidade...extrema...

CICLO E RESSIGNIFICAÇÃO...
(SÉRGIO L. MELGARECO)

Um sorriso que ampara as dores

Da alma espírito passado
Que seremos na casa de nossa
Fé espiritual quais vibrarem
Distribuição De frequência boas.
Um ramo de flores um galho
Grande de Espinhos cruzando
Teu caminho teus sentimentos.

A Humanidade que devem
transformar em um paraíso
As preocupações de problemas
Insolúvel, quanto a nossa
atitudes e roguemos as
Nossas almas paz divina...

MERA UTOPIA
(TATIANA AZEVEDO)

Alquimia
Extravagante,
Instigante ...
Revolucionante!

Deveras emocionante,
Palavras ao vento,
Verbo vivo vencido e
Transbordante!

Escandalizou a sociedade
da época, e se perpetuou
na memória do povo e fez história de novo.

As rimas utópicas
Da Semana de Arte Moderna!

Ecoam no ar ainda,
Cem anos depois ...
Piada de quinta ou
Tendenciosa rememória.

Rasgando o véu do esquecimento, alento...
Dos floridos idos tempos.

Martírios sofridos,
Críticas e aplausos simultaneamente.
Flutuou em rumores
Cenário de Ideais e amores
Hostis.

Múltiplas Cores banais,
Em lúdicas e exóticas telas, moldaram a nova era...

Houve a dança da mudança,
Cem anos ao vento relembro
Como veleiro desordeiro
Em tempestade certeiro, buscando cais pra aportar.

Atracou no cais da cidade,
Após singrar os bravios Mares, singulares,
Europeus ...

Controvérsia de um
Quadro por Anita pintado, alado, camuflado, de linguagem
diferenciada e aderente, por Monteiro criticado.

Com lágrimas de inspiração
De um povo clonado, ovacionado e vaiado...
De mera cópia nórdica, elaborado.
Uma verdadeira parodia!

Acordou o Brasil varonil, nos dias reunidos em São Paulo.

Brilhantes mentes e atuantes, enternecidas...

Renovaram-se na nova avenida, renascendo as Belas Artes.
Desfilando novo Cenário, delicado e inovador.

Da surpresa instaurada,
Ao surrealismo de estreia!
Modernismo atemporal,
Suplantou o Parnasianismo real...

Utopicamente multifacetado.
E em todas, o eco das eras,
A poesia de rimas minou,
Quimeras das rimas de hoje,
Ainda nos moldes daquela época imaginativa e criativa, que deixou seu legado inusitado, em nós.

EPIFANIA DO AMOR À LA FRIGIDAIRE
(TONY ANTUNES)

No onírico desejo idealizado e íntimo

sonho solto com estradas tortas, derretidas,
como cobras elasticando-se pelas vias suburbanas
com a graça dos teus lampejos e a tormenta dos
                              [meus trovões.

Em ludículos lapsos limborados de alumbres
serpenteio-me com língua, lábios e salivas,
lambendo cada gota de teu sêmen,
regojizando-me na parceria de tuas entranhas
derretido no tacho da 'Balada de Madame Frigidaire'.

De súbito descubro nosso amor de há tempos
na realidade das azias, dos regnólitos construídos
das crostas que nos mantêm juntos, ante
                              [nossas agonias.

Na solidão de mim mesmo te construo a cada devaneio
invento teu rosto, teus olhos, tua voz e teu cheiro...
teu gosto, que consumo em sacanagens.

Te poeto a cada elemento no intento das minhas
                              [íntimas intenções,
na falta do jeito de te ajeitar, te pego mesmo assim.

E na ferrugem da vida cruel e realista que
não nos permite adiá-la, te exploro e te devoro,
ante a última mordia canibal no corpo, alma e perdição.

PESADELANDO ESPASMOS
(TONY ANTUNES)

Na fúbula apneica do ronco

ronrona sonolento o destino
acenando ao caos com cabelos
                    [de fogo.

As estrelas salpicam labaredas
a lua, em lágrimas, pranteia
prumos norteiam as medidas
bussolam os continentes e
as nuvens gangrenam os céus.

Destinados, os demônios fazem a festa
com as diabetes a dançarem nuas
a requebolarem suas ancas estriásticas
esquálidas de hecatombes flácidas.

Noiteando o ato, em fístolas de tolices
a língua ferina borila o clitóris da neblina
saboreia o néctar da desgraça e cospe
num repúdio incrédulo ao futuro.

BRASIL E O MOVIMENTO MODERNO
(VALÉRIA COIMBRA)

Uma tradição cultural conservadora

Dominada pelas oligarquias cafeeiras

Uma sociedade esnobe

Que criava sua própria política

A então "Política Café com Leite"!

Uma troca de acordos

Favorecida a alta sociedade.

Um mundo fechado

Sem expansão dos seus horizontes

E conhecimento do mundo a fora.

Uma arte parnasianista e academicista

Uma arte ultrapassada

Sem conteúdo, emoção, criatividade e liberdade.

Um mundo com elos difíceis de serem rompidos

Mas não impossível para aqueles que ansiavam o
modernismo.

Uma conspiração cheia de ousadia

E coragem, contra uma cultura conservadora

E conformista da alta burguesia.

Um ano de grandes mudanças, era 1922

E São Paulo a grande protagonista da arte moderna.

No Teatro Municipal as pessoas escandalizavam,
Criticavam e zombavam das artes presentes
Seja ela poesia, pintura, arte plástica, entre outras...

Uma semana de grande inovação
Era a Semana de Arte Moderna
Uma arte futurística, cubista
Dadaísta, surrealista e expressionista.
Representando os elementos da realidade brasileira.

Um quadro que atraia muitos olhares
Uma arte abominável a alguns
"O Homem Amarelo" de Anita Malfatti.
Rompia ali a cultura conservadora
E abria as portas para o mundo moderno.

RIMAS PARA O GRUPO DOS CINCO
(VALÉRIA LISBÔA VIEIRA DE MELLO)

Anita Malfatti pincelou nos anos dez

fez até exposição! Era o século vinte
começando no Brasil com emoção
em forma de criança agitada e aflita
que deseja somente a sua atenção!
Anita encontrou Tarsila pintando,
e Menotti Del Picchia fazia versos.
Oswald e Mário vieram se juntando
e os cinco jovens, antes dispersos,
as artes reunidas foram mudando!
E todos ficaram impressionados
com a Europa e suas tendências,
as crônicas e poemas alterados
não clamavam por indulgências!
Tudo modificado nas aparências.
Monteiro Lobato polarizou
discordou daquela arte
Paulo Prado se encantou
e até queria fazer parte!
E Di Cavalcanti o ajudou!
Encontraram um perfeito local
vinte e dois foi o ano escolhido
São Paulo, no Teatro Municipal
em fevereiro o mês "encolhido"

reuniram talentos sem igual!
E com o Grupo dos Cinco fez
a Semana de Arte moderna
inspirada em evento francês
com apresentações artísticas,
por três dias, em um só mês!

VIVA ARTE LIVRE!
(VERA LUCIA CORDEIRO)

A semana de vinte e dois

Há cem anos, foi uma revolução.

Celebremos hoje, não deixemos pra depois.

Devemos fazer da Arte, uma forma de expressão.

O movimento contemporâneo nos ajuda a produzir com Liberdade.

Nas artes plásticas, musicais, cênicas e literárias.

Hoje é a Realidade!

À Semana da Arte Moderna nossa Gratidão!

FELICIDADE!
(VERA LUCIA CORDEIRO)

Em alegres e tristes momentos, juntos estivemos.

Cúmplices, amigos, amantes, de mãos dadas, sempre sorrindo.

Flutuando entre nuvens, dançando com estrelas.

Brincando nas ondas do mar.

Procurando pela Felicidade.

Unidas num forte abraço, nossas almas descobriram que ser feliz é poder ter Liberdade!

ISSO É ARTE?
(WALÉRIA SOARES)

Além do seu tempo

Cidade em movimento

Na teia de Aranha

Emenda-se moderna

Rompe com padrão

Choca a multidão?

Malquista burguesa

Menina travessa

De corpo e alma, escandalosa

Aquela que incomoda

Que nunca sai de moda

Mas é patriota?

Reverbera na poesia dos sapos

Os muitos sopapos

De quem, em vaias,

não lhe entende

Chamam-lhe indecente

E daí, se é independente?

Viverá para sempre.

RESPOSTA AO SONETO "TUDO É POESIA" DE MÁRIO DE ANDRADE
(ZEZÉ LIBARDI)

Dizes senhor, que por mim, lágrimas derramastes.

Mas na verdade, eu que por ti, as verti.

Bem sei que não foi a mim, que amastes.

Sei bem, que tudo, inverti.

Fui eu, que chorei tudo que pude.

Foi meu peito, que se encheu de tristeza.

E ao invés, de perceber e mudar de atitude.

Entreguei-me a esse amor e fiquei presa.

E por tantas tristezas e dores,

Meu choro escorreu pelos poros,

Que abriu um buraco em meu coração.

E, por tanto te amar, sofri horrores.

Secaram-se as lágrimas de meus olhos.

Hoje, não sei, porque acreditei nessa paixão.

POSFÁCIO

Quando Tatiana Azevedo e Luiz Paulo Flôres, me convidaram, fiquei muito emocionada, apesar de não me sentir com tanta capacidade literária, agradeço o carinho deles.

Leio e releio livros sobre vários assuntos, mas essa obra magnífica, sobre a Semana da Arte Moderna, por si só, significa uma grande colaboração à um movimento revolucionário artístico e literário que tomou forma em 1922. Momento único de manifestos feitos por várias linhas artísticas, dando início ao modernismo brasileiro.

Foi um evento extraordinário, que aconteceu no Teatro Municipal de São Paulo, entre os dias 13 e 18 de fevereiro, oficializando o Modernismo no Brasil; considerada na época a "semana futurista". Uma verdadeira explosão pública de transformação em todos os sentidos da arte, bem como, exposições de telas, concertos, danças, declamações e leituras poéticas. Assim, o modernismo ganhou força, reunindo uma nova geração de intelectuais, artistas plásticos, poetas, músicos etc.

E, apesar de muitos acharem um escândalo, e até a imprensa duvidar, eles tinham a pulsão de criar, modernizar, porém não tinham ideia, que defendiam, algo muito à frente de seu tempo. Muitos deles, só vieram a se definir como artistas, um pouco mais tarde; assim como, Mário de Andrade, Oswald Andrade, Vila-Lobos, entre outros.

À época, o público vibrava, no entanto, receberam muitas críticas, que por sinal, acabaram por serem positivas para os artistas envolvidos.

Anita Malfatti foi a primeira artista plástica brasileira a manifestar uma obra alinhada à modernidade.

Aos poucos, tudo foi se modernizando, nos dando, desta forma, liberdade artística de expressão.

Essa Coletânea, que hoje, nós artistas, apresentamos, é um legado inigualável para que a Arte continue a modernizar-se, cada vez, mais.

Parabéns a todos!!!!

Viva a Cultura!!! Viva a Arte!!!

ZezéLibardi

GALERIA DOS AUTORES

ADECIR DAS CHAGA GOMES. Nasceu no dia dezesseis de setembro de mil novecentos e oitenta e três (16/09/1983), na cidade de Pão de Açúcar-AL. Filho de Maria José das Chagas Gomes e José Vieira Gomes. É o sétimo filho de uma família de 15 irmãos. Graduou-se em Filosofia Plena pela Faculdade Instituto de Estudos Superiores do Maranhão (IESMA). Publicou o seu primeiro livro "Sinfonia no Alvorece" em 2020 e "A Ilha Sinfônica" em 2021. Tem participação em várias coletâneas, entre elas: Madrepérola, Frequência Insólita, Sinestesia, Elementais e Candeeiros da Andross; Poesia nova, conta conto e poesia inédita da Clipe; poetize 2019 e 2020 e Sarau Brasil da Editora Vivara; Poesia outono, Verão, Inverno e primavera e conto Brasil Vols 3,4 3 da Editora Trevo; Imortais IV da Editora Alternativa, Poesia Prêmio Off Flip 2021 e 2022, Coletânea 1001 Poetas da Editora Casa Brasileira de livros; coletânea Onde Canta o sabiá da Editora Lura; Infinito Olhar da Editora Gaya. É membro das academias: academia Intercontinental de artistas e poetas; academia internacional de Literatura Brasileira; Academia internacional de artes, letras e ciências e academia Luso-Brasileira de Letras do Rio Grande do Sul. E é membro da Associação Missionários da Imaculada Padre Kolbe.

ALAN CARNEIRO. Nome literário de José Alan Dias Carneiro, jornalista, aposentado, escritor, poeta, 71 anos. Vive no Rio de Janeiro desde dezembro de 1971. Trabalhou na Fundação Getúlio Vargas (FGV), nos  jornais O GLOBO e O DIA e para o Centro de Memória Globo (2000). Na FGV, integrou a equipe que elaborou o Dicionário Histórico-Biográfico Brasileiro pós-1930 e foi coordenador-assistente na elaboração do Dicionário Histórico-Biográfico da Elite Política Republicana (1889-1930). É um dos autores de A Imprensa faz e desfaz um presidente (Nova Fronteira, 1994); tem trabalhos publicados em obras coletivas, como o Livro do Ano da Enciclopédia Barsa, edições de 2004 e 2005. Reside em Niterói desde junho de 2019. Em outubro do ano seguinte ingressou na Academia Intercontinental de Artistas e Poetas (AIAP), na qual é titular da Cadeira 82. É coordenador de Projetos da Embaixada Cultural, Literária da

AIAP Brasil (ECLAB) e Editor-Chefe da Revista Literária Lotus News da AIAP (em elaboração).

ALEXANDRE ABDO. Jornalista, Poeta, Artista Plástico e Digital, Acadêmico em 13 academias de artes ciências e literatura, Doutor Honoris Causa em Comunicação, Comendador, Embaixador da Paz e vários títulos acadêmicos e participações em exposições de artes nacionais e internacionais e em Antologias Literárias. CEO da Tv Channel Network e Apoiador da Causa Animal com o Alegria de Pet.

ANDREY LUNA GIRON. Nascido em Curitiba em 16 de fevereiro de 1971, formado em Pedagogia pela ULBRA - Universidade Luterana do Brasil. Tem 2 livros publicados de poesia - Cósmicas pela editora

Protexto e Claritas pela editora Insight. Gravou CD de música clássica contemporânea com composições próprias com o grupo Ethos Fractallis realizando concerto de lançamento no Museu Guido Viaro e distribuídos nas mediatecas de Paris. Fez trilha sonora para cinema e tem várias composições orquestrais e para piano. Trabalha no Museu Guido Viaro onde faz recepção, monitorias e palestras semanais sobre cinema no Cineclube Espoletta deste Museu. Fez palestras em diversos locais como o Centro de Letras do Paraná, a Academia Paranaense Feminina de Cultura e o Instituto Neo Pitagórico. Fez exposições de pinturas e fotografias em diversos locais, tendo sido publicado artigos e ensaios fotográficos em edições da revista Ideias. É membro do Centro de Letras do Paraná.

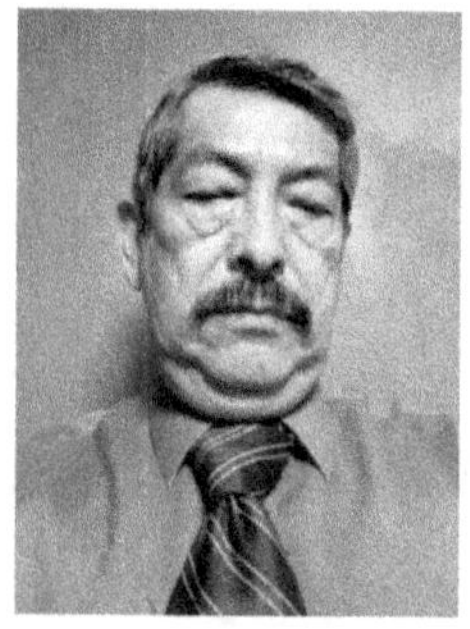

ANGEL ELGUERA RIVERA. Nacimiento 1 octubre 1954, En la ciudad de Mexico Estudios Licenciatura Universidad autónoma de México Vicepresidente Intercontinental de la Acadrmia Intercontitental de artistas y poesia Embajador cultural de México por Confederación de plumas y letras de curunami Y otros nombramientos internacionales.

AIRTON REIS. Natural de Cáceres-MT, nascido em 21 de maio de 1965, Geógrafo. Poeta, Professor. Embaixador Universal da Paz. Cadeira 18 da Academia Mundial de Letras e Poesia. Escultor em Cerâmica Artesanal. Autor de "Reversos", "Cidadão em Contos",

entre outros, Acadêmico de Honra da AIAPBRASIL, cadeira No 643. Embaixador Cultural MT.

CAROLINA POHLMANN BUENO MICHEL. Reside e São Leopoldo-RS, empresária, 38 anos de idade com meu marido Luiz Gustavo Cardoso, com dois filhos, um com 19 anos Mauro Luiz Michel Cardoso e a Mariana Michel Cardoso com 9 anos, também escritora participou do livro Ser Criança-Realidade Infantil. Escrevo desde meus 8 anos, tenho mais de 1000 poesias escritas, cerca de quatro contos, um romance, participei de duas entrevistas na rádio da região, já publiquei crônicas nos jornais da região. Amo escrever, meu primeiro livro publiquei em 2001 " 501 Anos em Poesias" em Novo Hamburgo, com a editora Gandhi, 20 anos depois consegui voltar a realizar meu sonho literário, em maio de 2021 publiquei 4 livros, na UICLAP tem mais projetos pela frente. Sou alguém que transformo o cotidiano em poesias, em contos, em palavras escritas ou ditas. Tudo que fiz até hoje no ramo literário, dedico a minha vó Mãe Valony, ao meu pai Mauro, ambos falecidos, meu pai perdi aos 10 anos de idade, minha vó em Janeiro de 2021. Pretendo continuar meus livros até meu último suspiro. Instagran: @Carolina_pbmc whatsap 51 996882039.

DENISE MOURÃO. Nascida em Salvador – Bahia, radicada em Belém do Pará - Socióloga. Tem vários poemas publicados destaca Andarilho e Asas Quebradas... Participou em diversas Antologias das Editoras CBJE Editora Darda Editora Trevo, entre outras. Premiada em 2014 e 2016 pela Academia Paraense de Letras.

DEUSENI FELIX. É de Cuiabá MT, Artista Plástica, Poetisa e Escritora, premiada Nacional e Internacionalmente por sua exímia Arte, com nuances indígenas e Belíssima pinturas abstencionistas, óleo sobre Tela, é Acadêmica de Honra da Academia Intercontinental de Artistas e Poetas.

CRISTIANO LUIZ DE JESUS. Membro da Academia Uberlandense de Letras e Artes e da Academia de Letras e Artes de Caldas Novas, na Cadeira número 36, tendo como patrono Celso de Godoy. Membro da Academia Intercontinental de Artistas e Poetas na Cadeira 737. Membro da Academia Mundial da Cultura e Literatura. Presidente do Instituto de Patrimônio Histórico e Geográfico de Caldas Novas – IPHGEOCAN e diretor do Centro Cultural, Artísitico e de Documentação e Memória. Cristiano Luiz de Jesus, nascido em Buriti Alegre - Goiás no ano de 1972. Membro da Academia Uberlandense de Letras e Artes, membro da Academia de Letras e Artes de Caldas Novas na cadeira 36, tendo como patrono Celso de Godoy; Membro da Academia Intercontinental de Artistas e Poetas na cadeira 737; Membro da Academia Mundial de Cultura e Literatura na Cadeira 17, Membro da Academia de Literatura, Arte e Cultura da Amazônia Escritor, poeta, historiador e possui 5 livros publicados. Embaixador Cultural. É membro do Conselho Municipal de Cultura de Caldas Novas.

EDNA MARIA FROEDE SANTOS. Tendo como nome artístico: Marquesa Edna Froede, reside em Vitória- ES – Brasil. É professora, psicopedagoga, poetisa e escritora. Participa das academias: FEBACLA, OMDDH, ALTO, AIAP e ALSPA; onde recebeu diversas titulações: Embaixadora da Paz, Marquesa e Dra.H.C em Educação e Teologia. Participou de mais de 30 antologias. É colunista do Internet Jornal, Jornal Rol, Escritores da Serra e da Tribuna-ES.

ÉLLE MARQUES. Nasceu em São Luís- MA, residindo atualmente em Santa Catarina. É escritora, poeta e compositora. Jornalista, teóloga e radialista. Diretora Executiva da Mundo Cultural World. Mestre em Comunicação e Cultura/UFRJ; Dra. h.c. mult.; Cursou Doutorado na PUCRS (2012-2016). É coautora em inúmeras antologias nacionais e internacionais; autora do livro Trama Lírica, MCW, 2022. Produtora editorial e organizadora de Coletâneas, como a Quintologia Poética Sou... (5 vols.) 2022; e internacionais - bilíngues, como a Ludwig van Beethoven– Sonata Poética da Liberdade (Port. /Inglês), MCW, 2021; Isabel, a Princesa das Camélias (Port. /Francês), MCW, 2021/2022, e Virada Cultural-Celebrando a Lua Nova (Port. /Espanhol). É Comendadora (Febacla e OMDDH); Embaixadora Cultural (Acilbras/BR e Poetas Del Mundo/ARG.) e Delegada Cultural Internacional (Escbrás). Membro de Várias Instituições Literárias Culturais, com inúmeras comendas e Títulos. Instagram @mundoculturalworld.

ENY CRISTINA DA SILVA SOUZA. A menina solitária olhava pela janela em busca de respostas. O sonho dos pais a jovem Eny realizou. Formou - se professora e levou o encanto da leitura por onde passou. O mundo da poetisa adulta é repleto de personagens que a cada dia acrescentaram uma cor à sua colcha de retalhos. Hoje, confreira na AIAP Brasil, no Poetas Livre de Bagé e pertencente ao Centro de Letras do Paraná, vive seu destino: poetizar o mundo.

FÁTIMA ROSA. Brasileira de Colinas-MA, é Pedagoga com várias Especializações, sempre voltada para arte Literária. Autora do Livro Sempre é do Romance Era uma Vez. Acadêmica de Honra da AIAP - Academia Intercontinental de Artistas e Poetas.

GLENDA BRUM DE OLIVEIRA. Publicou 4 livros. Participa de mais de 100 antologias, por 18 editoras. Escreve poesias, contos, crônicas, literatura infantil e infanto juvenil. Membro da AIAP, Literarte, Academia de Letras y Artes de Valparaíso,

ABARS, ALSPA, A.I.S.L.A, FEBACLA, CALAM, ACLASP e Nucleo Acadêmico Italiano Di Scienze, Letere e Arti. Recebeu premiações nacionais e internacionais.

HOSANE HENRIQUE LUCAS DE SOUZA. Henrique Lucas. É mura. Mestre em Educação. Poeta e Professor; Comendador e Embaixador da Paz; Dr. Honoris Causa em Direitos Humanos e Educação. Autor de Braços do Sol, Meninos de Papel e Atmosfera. Membro da AABLA, ALTO e AILAP; Melhor Poeta Amazonense – 2020; 1º Lugar no Concurso Nacional em Crônicas da ALAPG – Praia grande – SP, 2021; e, 1º Lugar no I - Concurso de Poesias Prof. Francisco Calhoiros – 2022.

IRAN MACENO DOS SANTOS. Nasci em 12/12/1958. Sou brasileiro, nascido no Estado do Rio de Janeiro. Pseudônimo artístico: Fenix Egipte, Águia de Saturno. Sou apaixonado por Física Quântica, mas não cheguei a concluir a universidade. Tenho vários cursos, assim como administração, contabilidade e de vigilância sanitária. Exerci a profissao de Gerente de restaurantes e também do ramo Fasl Food. Por último trabalhei na profissão de Supervisor dc Diretoria de serviços numa empresa contratada pela Petrobrás. Sou poeta, escritor, roteirista e teatrólogo. Amo a arte! A poesia e a literatura são minhas paixões! Tenho dois livros de poesias editados, " Oceano de Ilusões" e Simplesmente... Nós! Participo de todos os Saraus de poesias! Não falto a nenhum evento poético, desde adolescente! Comecei a escrever com treze anos de idade e nunca mais parei! Quando jovem a poesia me deu muito dinheiro, fabricava cartões com poemas e vendia à noite nos bares da zona sul! Todos compravam e isso era noite após noite! Não sobrava um cartão se quer, fora as encomendas! No meu bairro sou conhecidíssimo, por recitar poesias em bares e festas, mas nada é grátis eu recebo um cachê como todos os artistas! No momento estou escrevendo um romance de mistério, crime, política e ação, que ocorre nos anos seiscentas (1960)! Meus avós maternos eram ciganos Egípcios e paternos, a minha avó era espanhola, de Sevilha e o meu avô era índio Brasileiro.

IRENE DA ROCHA. Natural de Passa Quatro-Minas Gerais, residente em Cruzeiro SP. Casada com Nilton da Rocha, três filhos e cinco netos. Cursou contabilidade, Cursou FONOAUDIOLOGIA PELA FACULDADE TD'Ávila-Lorena-SP. Artista Plástica, Acadêmica, Fundadora da (ALAC); Em  Cruzeiro SP, Acadêmica- FEBACLA. Acadêmica Embaixadora Imortal da Paz (OMDDH) Cadeira 56. Colunista J.R, Honorária do Rotary Club de SP.

JACQUELINE SOUZA. Especialista em Linguística e Ensino de Línguas UNISEB. Autora de artigos, contos, crônicas e poesias. Participou de diversas Antologias. Fez a obra A lenda do bebê-demônio. Trabalhou como

Auxiliar de Tutoria na Fundação Padre Anchieta no Curso de Formação dos Professores do Estado de SP. Foi professora de Português Instrumental e Inglês Instrumental da FASM - Faculdade Santa Marcelina de 2010 até 2017. Atua como Professora Coordenadora Geral do PEI Afonso Penna Júnior, da Secretaria de Educação do Estado de São Paulo. Colaboradora da elaboração dos materiais da Secretaria de Educação do Estado de São Paulo. Idealizadora do Festival Cultural de Sampa. Associada à ABERST (Associação Brasileira de Escritores de Romances Policiais, Suspense e Terror). Membro Correspondente da Academia de Letras do Brasil – ALB/RJ – Campos dos Goytacazes. Diretora Cultural da ALB. Agenciadora (Diretora) do Núcleo INFÂNCIA /ARTE do Coletivo Mulheres Artistas. Acadêmica Correspondente da FEBACLA (Federação Brasileira dos Acadêmicos das Ciências, Letras e Artes). Membro da AILB - Academia Internacional de Literatura Brasileira. Membro Correspondente da AIAP (Academia Intercontinental dos Artistas e Poetas).

JOSÉ HÉLITO NUNES DE MARINS. 
Professor, Pedagogo pela Universidade do Estadual do Rio de Janeiro (UER), Especialista em Educação pela Universidade Castelo Branco, Neuropedagogo pela AVM (Instituto A Vez do Mestre), Psicopedagogo pela UCAM – Minas. Membro da Academia Araruamense de Letras RJ (Aaraletras); da Academia de Artes, Ciência e Letras de Iguaba Grande RJ (Aaclig); da Academia de Letras de São Pedro da Aldeia RJ (Aslp0; da Academia Intercontinental de Artistas e Poetas (AIAP Brasil). Coautor de mais de trinta

antologias, entre elas IMORTAIS IV;Noel Rosa: os cariocas e seus convidados; Sonata Poética da Liberdade em homenagem a Ludwig Van Beethoven.

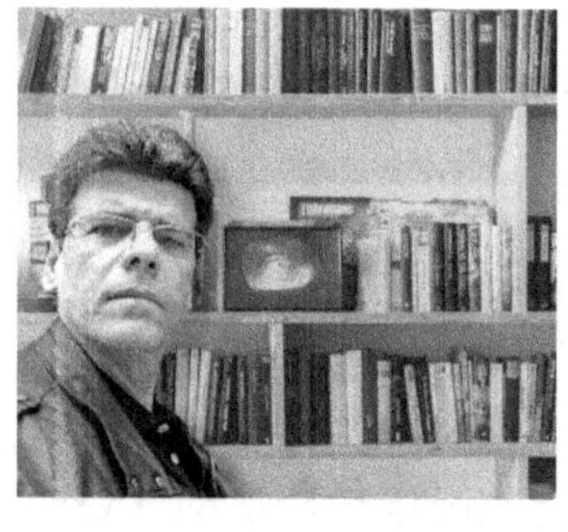

JOSE HENRIQUES MARTINS. Carioca, pisciano, graduado em Designer e pós-graduado em Engenharia de Software. Trabalha como Consultor em Tecnologia da Informação e escritor. Casado, pai de 3 filhos. Viajou muito e conheceu muitas culturas e povos. Trabalhou por oito anos em Moçambique, na África Austral, tendo a possibilidade de conhecer diversos países Africanos, que o fez ter uma outra visão de mundo. Seu principal hobby é viajar, conhecer, ler e escrever. Publicou seu primeiro livro, no final de maido de 2022, o romance-ficção "Nath, a Jornada do Despertar" pela Editora Mepe.

JOSÉ OLÍVIO DE SÁ CARDOSO ROSA. Natural de Colinas (MA), nascido em 30/12/1944, filho de Victor Hugo Cardoso Rosa e de Domingas de Sá Rosa. Ele natural de Crateús (CE) e ela natural de Colinas. Advogado militante, poeta, compositor e escritor contista, em

1964 mudou-se para a cidade do Rio de Janeiro, então Estado da Guanabara, onde ingressou no Banco Nacional. Posteriormente foi transferido para a Sinal S/A, financeira do grupo. Nesse período, concluiu o Curso de Direito na

Faculdade de Direito Cândido Mendes, na Praça XV de Novembro, no Rio de Janeiro. Em 1978, voltou para seu Estado Natal e fixou residência em São Luís, capital do estado. Após ser aprovado em concurso público, ingressou no Departamento Jurídico do Banco de Desenvolvimento do Maranhão (BDM), onde trabalhou até sua extinção. Em seguida foi para o Banco do Estado do Maranhão (BEM), no qual permaneceu até sua incorporação ao Bradesco. Em seguida, resolveu abrir seu escritório profissional de advocacia, em prédio próprio, situado na Rua das Figueiras, Quadra 19, casa 25, no Jardim São Francisco, na capital maranhense, onde se encontra estabelecido.

JUSSARA CARVALHO. É escritora de Paraisópolis, oficineira de literatura, palestrante, contadora de histórias, radialista e vice-presidente da AIAP Kids (Academia Intercontinental de Artistas e Poetas). Natural da Bahia, neta do falecido Clemente Fialho, antes conhecido na região como barão da cana de açúcar. Marcada pelas facetas do pai, um cômico nato e contador de histórias. Teve que enfrentar tudo e todos para ser escritora de livros que se destacam pela criatividade e originalidade. Nascida numa fazenda em Jacaraci onde começou a escrever histórias (em sua mente) antes de ser alfabetizada e com 12 anos passou a registrar no papel narração em versos, romances e dramaturgia. "Os livros salvaram minha vida três vezes. Durante a adolescência, escrevi 7 livros numa cidade que não tem livraria. Há 10 anos montei uma pequena fábrica de livros numa das maiores favelas de São Paulo. Fui vítima de intolerância religiosa e consegui superar traumas de infância. Em 2011 comecei a realizar ações sociais na comunidade".

KATHLEEN EVELYN MÜLLER. 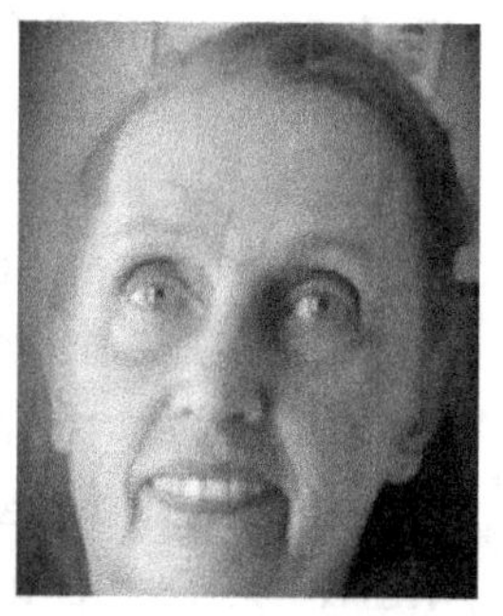 Doutora em Musicoterapia Cristã, é poeta, compositora, arranjadora de orquestra, maestrina e escritora. Nascida em 1º de julho de 1950, Curitiba PR, BR. Possui vasta produção técnico-científico com trabalhos apresentados em Congressos e Seminários Internacionais. É autora de várias obras literárias e musicais, executadas por maestros de renome (internacional). Sendo idealizadora do Coral, Ocupa Cadeira 23, na Academia Intercontinental de Artistas e Poetas-AIAP, onde é Embaixadora Litero-Musical. Detém comenda de mérito dos 250 anos de Beethoven, pelo Mundo cultural World e atua junto a entidades cívicas.

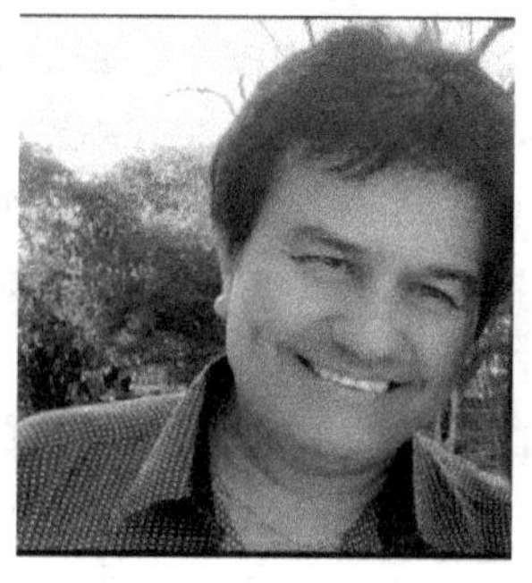 **LUIZ PAULO FLÔRES.** Natural de São Vicente do Sul-RS. É Advogado, Biólogo, Psicanalista, Teólogo, Acadêmico em Sociologia UFSM, Acadêmico concluinte em Gestão Pública IFFar, Pós-Graduado em Agroecologia, Pós-Graduando em Neuropsicopedagia, Pós-Graduando em Ciências Sociais, Pós-Graduando em Nível de Mestrado em História pela UFSM e Doutorando em Ciências Jurídicas e Sociais UBA (universidade de Buenos Aires)-Argentina e Técnico em Contabilidade, é Poeta e Escritor pertence a várias Academias e associações culturais, como a Sociedad

dos Poetas del Mundo (Chile), Vice-Presidente da AIAP-Brasil, Casa do Poeta Latino Americano, é detentor com honra da Láurea Literária Stella Brasiliense"- Brasília.

MARIA DE FÁTIMA DE SÁ SARMENTO. Literariamente conhecida como Fátima Sá Sarmento, é natural de São José da Lagoa Tapada/PB e atualmente reside em João Pessoa/PB. Cursou Letras com Especialização em Literatura Brasileira pela 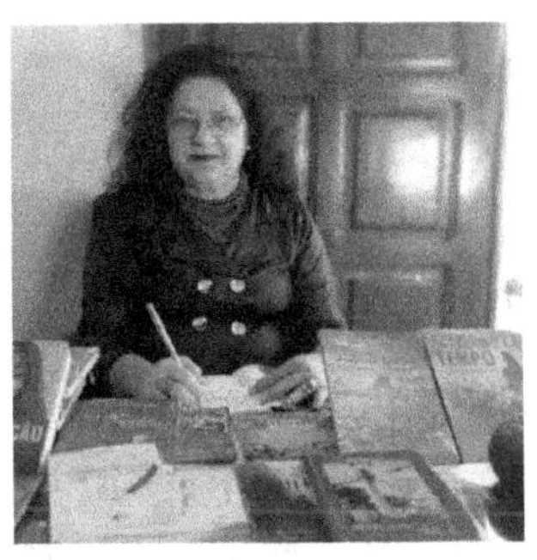 Universidade Federal da Paraíba - UFPB e Serviço Social pela Estácio. Escreve compulsoriamente desde tempos remotos, sem publicação. Resolveu mostrar as dúvidas, reflexões sobre a vida e o fazer poético. A 'cura pela poesia'. Costuma dizer: "Meu verso é a confissão daquilo que recebo em instantes de êxtases poéticos". Divulga textos pelo Facebook, Instagram: @fatimasa03, @fatimasasarmento e na página do Recanto das Letras (https://prosapoesiasemestilo.net.) Atualmente, está participando de várias coletâneas e tem dois livros lançados: 'Rompendo a aurora entre versos, rimas e prosa', pela editora recantos das letras e 'Retalhos do tempo', pela editora Escritores da Alma. Membra da AIAP- Academia Intercontinental de Artistas e Poetas. Acadêmica do Grande Honra Nacional da FEBACLA - Federação Brasileira dos Acadêmicos das Ciências, Letras e Artes. Participou da coletânea Escrita Criativa de poesia e conto organizada por Marcelo Spedding. Recebeu, pela Editora Mágico de Oz, o título Destaque Literário 2021, na categoria poema e conto.

MARIA JOSÉ BASTOS MARTINS. Nasci na cidade de Ponta Grossa-Paraná. Aos sete anos ingressei no Colégio Sant`Ana, participava do teatro, declamando poesias. As aulas de leitura e de composição me aproximaram da literatura, que sempre esteve presente na minha vida. Cursei Pedagogia, Artes Práticas na (UEPG) Universidade Estadual de Ponta Grossa, Especialização em Produção de Textos e Mestrado na UNICAMP (Universidade Estadual de Campinas). Atuei como professora do Ensino Fundamental ao Ensino Superior e em Cursos de Pós-Graduação. Participei e fui classificada no Concurso de Crônicas Lygia Lopes dos Santos, promovido pelo Centro Feminino de Letras do Paraná, em outubro de 2021. Selecionada como coautora da Coletânea, Cartografias do Coração e na Antologia Árvores da Vida, em fevereiro de 2022. Penso que sempre é tempo de compartilhar meus guardados: poesias, crônicas, contos, minicontos e livros.

MARTA NIVEA BEZERRA GOMES CASTRO. Artista plástica, atriz, cantora, compositora, poetisa, acadêmica de honra da AIAP-ACADEMIA INTERCONTINENTAL DE ARTISTAS E POETAS, embaixadora Artística em Chapada dos Guimarães MT, Cadeira No762/22.

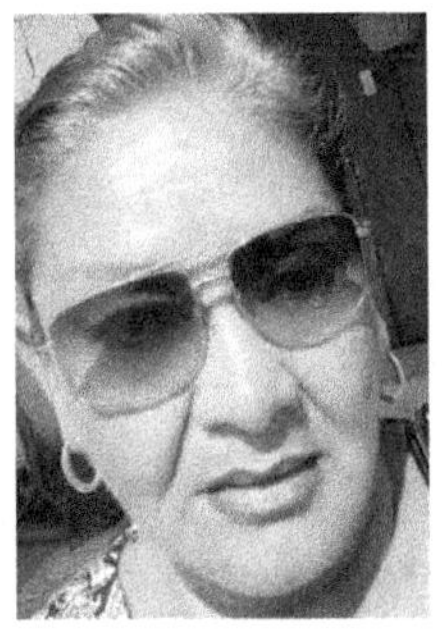

NANCY MICHEL PARDO. Nascida da Bolívia, Bacharel em educação, professora, escritora, acadêmica da Academia Intercontinental de Artistas e Poetas, cadeira 701, embaixadora cultural da AIAP na Bolívia.

NILLO SÉRGIO COSTA. Nasceu em Teresópolis RJ, cidade serrana, Escritor e Poeta, Compositor, Autor de quatro livros solo e coautor de várias Antologias Poéticas. Acadêmico Vitalico da AVL, Acadêmico de Honra Literária da AIAP-Academia Intercontinental de Artistas e Poetas.

NILSON FERREIRA NETO. Brasileiro, professor de matemática, pai de três filhos. Nascido em Guanhães MG, em 20 de abril de 1966, filho de Evaristo Da Silva Neto e Julieta Ferreira Pinto.

PAULO SOROKA. É natural de Porto Alegre, onde segue vivendo. Formou-se médico e psiquiatra pela Universidade Federal do Rio Grande do Sul e, posteriormente, tornou-se membro da Sociedade Psicanalítica de Porto Alegre. É docente nos cursos de formação em 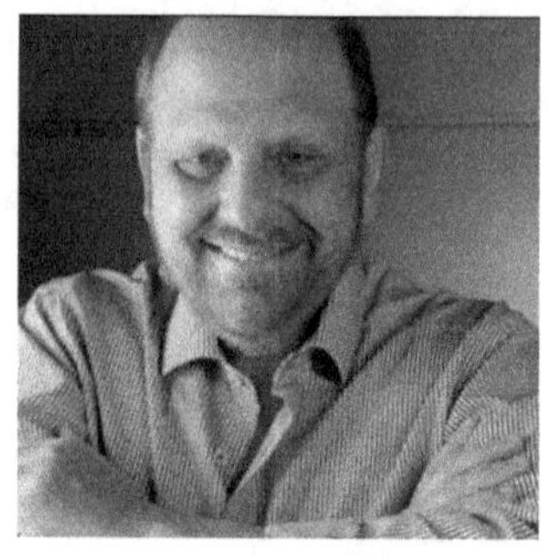 psicoterapia de orientação psicanalítica no ITIPOA -- Psicanáise e Criatividade. Dedica-se à prática da psicanálise e da psicoterapia de orientação psicanalítica. É poeta, membro da Academia Intercontinental de Artistas e Poetas (AIAP -- Brasil). É autor de três livros: "Um poema a cada dia para fazer a travessia", "Quando o mundo voltar a girar" e "Outro primeiro dia" (no prelo). Desenvolve os projetos "Poemas para fazer a travessia", nas redes sociais, e "Sim, este livro é teu!", nas praças e parques de Porto Alegre.

 **PIETRO COSTA.** É natural de Brasília/DF, onde permanece residindo. Assessor Jurídico de 2ª Instância - MPU. Pós-Graduação "Lato Sensu" em Globalização, Justiça e Segurança Humana. Escritor. Poeta. Ativista e Produtor Cultural. Presidente da Academia Cruzeirense de Letras (2018-2020, 2020-2022). Membro de diversas Academias Literárias e Entidades Culturais no Brasil e no exterior. Embaixador da Paz da OMDDH. Dr. h. c. em Literatura, Ciências Jurídicas e Direitos Humanos. Autor de 7 obras literárias. Coautor de mais de 200 coletâneas. Idealizador e Organizador do Prêmio Literário Escreve-me: 10 anos da FEBACLA, do qual resultou uma antologia (Editorial Casa de Bonecas, 2022). Idealizador

e Organizador do I Prêmio Art Letras de Literatura: Um Tributo à Imortalidade, 2022. Detentor de várias honrarias, prêmios e títulos.

SÉRGIO LUÍS MELGARECO. Nascido, em Rio Pardo RS. Em 1963. Filho de Hugo Emeliano Melgareco e Erani da Silva Melgareco. Poeta, Escritor, Artesão.Com 10 livros já publicados,8 livros publicados na editora INDE. Acervo Poético 12.863 poemas escritos. 4 livros a serem preparados para serem publicados. Um poeta sonhador, de pensamentos românticos. Acadêmico Fundador da AIAP - Academia Intercontinental de Artistas e Poetas - AIAP BRASIL.

TATIANA AZEVEDO. Tatiana Santos Azevedo Mendes, Pseudônimo Literário Tatiana Azevedo Flôres, filha de Samuel e Taciana Azevedo, maranhense, Psicopedagoga, Orientadora Educacional, formação em Letras e Especializações, Escritora, Poetisa Repentista, Declamadora, Presidente Idealizadora da AIAP BRASIL , participa de várias Academias de Letras, Autora de 10 livros e Coautora de 89 Antologias Poéticas e 19 Coletâneas. Pessoa de Alma Poética. Organizadora de várias Antologias Ativista Cultural Internacional e Colunista do Jornal Cultural Rol.

TONY ANTUNES. Tony Antunes é o pseudônimo do Professor Gleidistone da Silva Antunes, natural de Recife/PE. Ex-menino de rua que aprendeu a ler aos 19 anos. Gradou-se aos 47 anos, pela FAMASU/PE,no Curso de Letras, Pós graduou-se em Língua Portuguesa e Literatura Pela FAMART. É autor do livro  Digitais Absolutas: poemas escolhidos. Criaart, 2019. É membro da AIAP – Academia Intercontinental de Artistas e Poetas, cadeira 517, cujo Patrono é o Poeta Vital Corrêa de Araújo e Patronesse é a Poeta e Professora Socorro Barros Y Duran. Natural de Recife/PE. Mora em Palmares, zona da Mata Sul do estado.

 **VALERIA COIMBRA.** Nascida em Santa Maria das Barreiras, Pará, e reside em Paraíso do Tocantins, Tocantins. A paixão pela leitura vem desde a infância, mas a arte escrita começou em 2012, quando ingressou no Instituto de Educação das Irmãs de Maria de Banneux (IEMAB) – Escola Vila das Crianças, onde para fugir da rotina diária e da saudade da família começou a escrever seus sentimentos. É escritora e poeta, com participação em 06 antologias: "Ruas Vazias" da Editora Veloso; "Poesia Agora" da Editora Trevo, "Mania de Doença", "Fobias" e "Amor sem fronteiras", ambas pela Poeta Alternativo Coletâneas, e por último "Anuário de Poetas e Escritores do Tocantins 2022" projeto organizado pela Editora Veloso. É graduada em Administração pelo Instituto Federal de Educação, Ciência e

Tecnologia do Tocantins (IFTO) e, pós-graduando em Gestão de custos e planejamento estratégico na Unicesumar. É acadêmica de honra da Academia Intercontinental de Artistas e Poetas (AIAP BRASIL) cadeira nº 806/13.04.2022 e, Embaixadora Cultural correspondente Tocantins. E-mail: valerialelita16@gmail.com.

VALÉRIA LISBÔA VIEIRA DE MELLO. 
Poesia Maria é o nome artístico e pseudônimo de Valéria Lisbôa Vieira de Mello (advogada em exercício desde 1987, pós-graduada em Direito Empresarial desde 1990). Assim como muitos no mundo literário, a identidade se fez não pelo nome de batismo. Escreve poesias desde a adolescência, porém, Poesia Maria possui nove anos de criação, vindo desde então apresentando criações no universo literário e passando a publicar editorialmente em 2022. Acrescendo: Obteve Menção Especial em Soneto no Concurso de aniversário ano 2020 da Academia de Letras e Artes de Paranapuã - ALAP. Autora participante das antologias em poesia: Até quando o Carnaval chegar, Coletânea de Poetas brasileiros 2022, Poemas do eu (ed. Persona). Escritora participante da coletânea de contos, gênero terror: Mistérios noturnos da ed. Arkanus. Escritora participante das coletâneas de crônicas: Mãe só tem uma (luso-brasileira) e Palavras sem fronteiras (Brasil/EUA) ambas pela ed. Viverarte. Escritora finalista do Brasil junto a Universidade de Salamanca (Espanha) no concurso internacional "Cuenta me un conto 2022". Antologias virtuais: presente com uma obra poética nas antologias Mulher Força e Superação, e Mãe sinônimo do verbo amar, ambas produzidas e distribuídas internamente pela AMCL - Academia Mundial de Cultura e Literatura.

VERA LÚCIA CORDEIRO. "Estrela", Natural de Curitiba – Paraná – Brasil, Acadêmica da Academia Virtual internacional de Poesia, Arte e Filosofia (AVIPAF) Cadeira nº15 – Patrono Fernando Pessoa e Academia Intercontinental de Artes e Poetas (AIAP Brasil) Cadeira nº 633/21- Patrono Luiz Vaz de Camões e Patronesse Júlia da Costa. Escritora, Arte Educadora, Poetisa, Narradora de textos, Compositora, Dubladora e Palestrante. Possui livros publicados, para adultos e crianças e em diversas Antologias Possui poemas publicados nas revistas Fênix e Logos de Portugal e livro El Cusco, no Chile. Homenageada diversas vezes com troféus, diplomas e certificados pela Câmara Municipal de Curitiba, SESC e Revista FECOMÉRCIO. Em 24 de fevereiro de 2022, no Troféu Revelação da AIAP – Brasil 2021, recebeu o título de "Personalidade Literária".

WALÉRIA SOARES. Em São Luís nasceu e se formou em Matemática e Artes Visuais. Partiu para São Paulo, tornou-se Pedagoga, Mestra em Matemática e Doutora em Ensino de Ciências e Matemática. Retornou à sua terra natal. Ocupa cadeira nas seguintes academias: AIAP, ALSPA, AILAP e Aleart.  Integra o Clube de Leitura do GEPPLEM-UFMA e a Associação Maranhense de Escritores Independentes - AMEI. Educadora matemática, poeta e escritora, dentre suas obras destaca-se o livro: "Por que não falar de amor(es)?".

ZEZÉ LIBARDI. Na infância sintetizou saberes adquiridos com leituras, compondo poemas, contos e crônicas. já escreveu uma peça de teatro que ficou em cartaz durante um ano nos teatros SESI do RJ. pertence a várias academias, ao coletivo mulheres artistas e ao iicem.

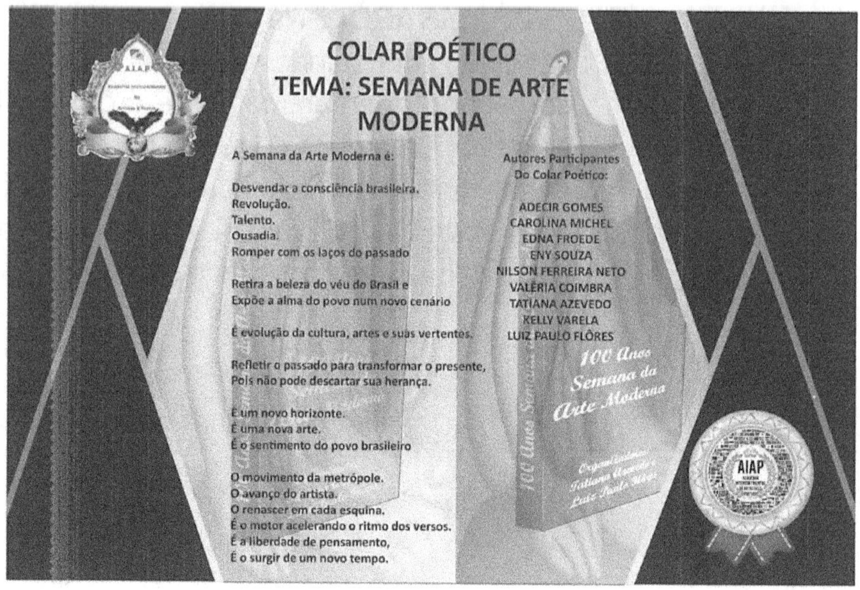
COLAR POÉTICO
TEMA: SEMANA DE ARTE
MODERNA
A Semana da Arte Moderna é:
Desvendar a consciência brasileira.
Revolução.
Talento.
Ousadia.
Romper com os laços do passado
Retira a beleza do véu do Brasil e
Expõe a alma do povo num novo cenário
É evolução da cultura, artes e suas vertentes.
Refletir o passado para transformar o presente,
Pois não pode descartar sua herança.
É um novo horizonte.
É uma nova arte.
É o sentimento do povo brasileiro
O movimento da metrópole.
O avanço do artista.
O renascer em cada esquina.
É o motor acelerando o ritmo dos versos.
É a liberdade de pensamento,
É o surgir de um novo tempo.
Autores Participantes
Do Colar Poético:
ADECIR GOMES
CAROLINA MICHEL
EDNA FROEDE
ENY SOUZA
NILSON FERREIRA NETO
VALÉRIA COIMBRA
TATIANA AZEVEDO
KELLY VARELA
LUIZ PAULO FLÔRES
100 Anos
Semana da
Arte Moderna

CRÉDITOS

www.ingramcontent.com/pod-product-compliance
Lightning Source LLC
Chambersburg PA
CBHW070525160726
48003CB00004B/1696